Ces Françaises qui ne grossissent pas

MIREILLE GIULIANO

Ces Françaises qui ne grossissent pas

Comment font-elles ?

Traduit et adapté de l'anglais (États-Unis)
par Anne Lavédrine

J'AI LU
Bien être

Collection dirigée
par Ahmed Djouder

Titre original :
FRENCH WOMEN DON'T GET FAT

À ma petite Mamie,
cette femme au sourire si doux.

À Edward,
ami, amant, mari, poète, homme de ma vie,
« mon Amérique à moi ».

À mes anges et en particulier l'ange au sourire,
qui sont toujours avec moi.

Je fais don de tous les bénéfices de ce livre
pour créer des bourses scolaires et universitaires.

Mireille
New York/Paris, 2005

Quoi de plus important que l'acte du repas ? L'homme du monde le moins observateur ne voit-il pas dans l'installation et le progrès rituel d'un repas une ordonnance toute liturgique ? Toute la civilisation ne paraît-elle point dans ces apprêts et dans ces soins qui consacrent une conquête de l'esprit sur l'impulsion dévorante directe ?

Paul VALÉRY

Préambule à l'édition française

Nul n'a plus que moi conscience du paradoxe que représente la traduction dans ma langue maternelle d'un ouvrage intitulé en anglais *French Women Don't Get Fat*. L'idée de ce livre m'est en effet venue parce que je vis et que je travaille la plupart du temps aux États-Unis, ce qui m'a permis d'observer avec une inquiétude mêlée de fascination l'épidémie de surpoids et d'obésité qui se développe outre-Atlantique.

À la fin des années 1960, j'ai passé un an dans le Massachusetts, dans le cadre d'un programme d'échanges scolaires, et je suis revenue au bercail avec dix kilos de trop. J'étais la preuve vivante des conséquences d'une alimentation débridée de « cowboy » et j'ai appris à mes dépens que l'exubérance et l'enthousiasme qui caractérisent le peuple américain ne représentent pas toujours un atout. L'Amérique *king size* qui choque tant les Européens d'aujourd'hui n'était pourtant même pas imaginable à l'époque. Nul n'aurait pu prévoir que, trente ans plus tard, les deux tiers des adultes seraient trop gros, ni que les comportements alimentaires seraient devenus tellement délirants que le « hors normes » y serait devenu la norme...

Mes amies américaines, plus cosmopolites que la plupart de leurs concitoyennes, constataient cependant que bon nombre de Françaises n'avaient manifestement pas peur de manger à leur faim sans que leur ligne s'en ressente le moins du monde. Certaines s'en ouvrirent à moi : « Mireille, nous te voyons sans cesse photographiée dans des dîners organisés par Veuve Clicquot : comment fais-tu pour rester mince ? C'est vraiment un truc *typically French* ! » À quoi je répondais, avec un haussement d'épaules lui aussi *typically French* : « Les Françaises ne grossissent pas. » Il me fallut un certain temps pour comprendre que derrière cette question posée sur le ton de la plaisanterie se cachait une véritable interrogation. J'avais peut-être des réponses un peu moins facétieuses à apporter à mes amies.

Voilà comment, début 2005, alors que les relations franco-américaines touchaient un nadir historique, l'édition américaine de ce livre, intitulée *French Women Don't Get Fat*, fit son apparition en librairie. À la demande de mon éditeur, j'énonçais dans cet ouvrage mi-autobiographie mi-livre de cuisine les préceptes les plus élémentaires de l'alimentation et de l'hygiène de vie à la française : des choses tellement évidentes à mes yeux que je n'aurais jamais osé les rappeler à une compatriote ! Mais au pays des hamburgers, ces idées se révélèrent tout sauf reçues. En trois mois, mon livre devint un véritable phénomène culturel et un best-seller mondial. Aujourd'hui, après plus d'un million d'exemplaires vendus aux États-Unis, ayant fait l'objet de *deux* dessins humoristiques dans le *New Yorker* – du jamais vu – et entraîné une pénurie de poireaux – légume jusque-là peu apprécié, voire inconnu – de New York à Los Angeles, je crois que l'on peut dire que le « régime français » (comme certains surnomment mon ouvrage, bien que je l'aie toujours présenté comme l'antithèse d'un régime) est la coqueluche des Américains. Grâce à lui, les États-Unis reviennent à leur amour pour la France, ou du moins à la fascination que ce pays exerce traditionnellement sur eux.

Sans le savoir, j'avais bien choisi mon moment : mes propos touchaient mon public, en particulier les personnes aspirant à concilier mode de vie et plaisir, et à dire un adieu définitif aux régimes yoyo et aux privations. Qui peut les blâmer ? L'image de la France m'a certes aidée : les Américains sont largement subjugués par notre pays. Le succès immédiat du livre a souligné un phénomène que j'avais déjà souvent constaté : même si nous les intimidons parfois un peu, nombre d'Américains adorent la culture française, la France (même s'ils en ont parfois une vision bucolique ou aristocratique tout droit sortie de leur imagination) et tout ce qui est français. Et si les femmes représentent la majorité des « adeptes » de la joyeuse philosophie qui sous-tend cet ouvrage, je suis stupéfaite du nombre de lecteurs masculins, comme de la diversité d'âge de mes « fans » (la plus jeune qui m'ait écrit a douze ans et la plus âgée quatre-vingt-sept ans – je bats Tintin !). Entre les témoignages et les ventes, j'espère avoir donné une impulsion nouvelle à l'*American way of life*.

Tant mieux ! Alors pourquoi ne pas proposer les préceptes traditionnels français au pays de *Supersize Me* ? Et même à certains des autres pays, comme l'Angleterre, l'Australie ou le Brésil, où ce livre a déjà remporté un grand succès... mais en France, haut lieu de la sagesse gastronomique ? Comme on dit chez moi dans l'Est, on ne vient pas à Strasbourg avec ses saucisses ! N'était-ce pas ce que je m'apprêtais à faire avec mon « livre pour Américaines » ? Si seulement c'était le cas... Malheureusement, au risque de heurter mes compatriotes dans leur fierté nationale – tous mes amis étrangers vous diront pourtant combien je chante volontiers les louanges de mon pays natal –, nous devons admettre que la France a insidieusement changé au cours des dernières décennies : multiplication des hypermarchés, essor des plats cuisinés et portions de plus en plus copieuses dans les assiettes.

Nous sommes aujourd'hui à un tournant de notre histoire. Si la mondialisation et le développement des médias nous ont apporté mille bienfaits, ils ont aussi estompé les frontières culturelles et les valeurs traditionnelles. J'ai eu l'immense chance de demeurer française et enracinée en France tout en parcourant le monde et en habitant principalement New York – j'allais dire « aux États-Unis », mais Manhattan, où j'ai élu domicile, n'est pas vraiment l'Amérique. Et je constate de mois en mois, lors de mes séjours réguliers dans l'Hexagone, que mes compatriotes deviennent de plus en plus américains dans leurs habitudes alimentaires comme dans bien d'autres domaines. L'influence de l'oncle Sam s'étend des comptoirs des McDo ou des Starbucks jusqu'aux tables familiales et s'intègre au mode de vie normal et accepté.

Voilà une chose que les Français de ma génération n'auraient pu prévoir : lorsque nous quittions le nid familial, nous reproduisions instinctivement les habitudes gastronomiques qui avaient bercé notre enfance, transmises par nos parents, qui les avaient eux-mêmes reçues des leurs, etc.

Aujourd'hui, les contre-exemples sont légion et se multiplient à mesure que la société se diversifie – on ne peut guère attendre d'un étranger qu'il arrive en France au fait des coutumes nutritionnelles françaises – et que la famille perd sa place centrale dans le quotidien de nos contemporains, en raison des divorces plus nombreux et des tentations économiques qui nous obligent à consacrer une part croissante de notre attention au travail. À l'inverse de ses aînées, pour qui cela allait de soi, une génération entière de Françaises aujourd'hui âgées de vingt à trente-cinq ans n'a pas reçu de véritable éducation gastronomique. Quand je lis que 10 % des Français se passent de petit déjeuner (ce qui conduit immanquablement à trop manger pendant le reste de la journée) ou que 63 % des restaurants ouverts ces dix dernières années sont des fast-foods, je me pose la question suivante : « Si nous sommes ce que nous mangeons, où allons-nous ? »

De fait, on croise de plus en plus souvent en France, même à Paris, des femmes un peu rondes ou trop rondes, et les taux de troubles du comportement alimentaire atteignent des niveaux sans précédent. De mauvais signes dont on peut déduire qu'ils présagent une crise de l'obésité à l'américaine dans dix ou quinze ans. Croyez-vous que ce soit un hasard si les Français sont aujourd'hui les premiers consommateurs européens d'antidépresseurs ?

Alors, que faire ? Heureusement, le mal n'est pas irréversible et nous disposons de bien plus de moyens de renverser la tendance que les Américains. Il nous suffit de nous tourner vers notre passé. Je suis une romantique réaliste qui vit dans le présent et en jouit le plus possible, mais j'essaie de garder présents à l'esprit les meilleurs enseignements de notre histoire. Même si les produits industriels se taillent désormais la part du lion dans le panier de la ménagère, la France compte quantité de marchés proposant les meilleurs produits de son terroir, et quantité de personnes sachant encore à quoi ressemble la vie à la française – et en quoi elle est bénéfique.

Voici donc un peu le propos de ce livre : inspirer un renouveau de notre passion typiquement française pour la bonne chère et la belle vie, non pas comme un luxe, mais comme une nécessité sociale et individuelle ; par chance, nous vivons dans une société qui reconnaît la responsabilité des gouvernants dans le bien-être de la communauté et qui a déjà commencé à agir, notamment au niveau des cantines scolaires. En ce sens, le titre de ce livre est plus un clin d'œil et un cri du cœur qu'une constatation moins valable aujourd'hui que naguère...

Je suis fière que *French Women Don't Get Fat* ait poussé le public à s'interroger sérieusement sur son alimentation, son mode de vie et sa santé, et que cet intérêt ait été si largement relayé par les médias du monde entier. J'apprécie que son succès ait fait de mon livre l'ambassadeur d'une France qui, à mon sens, en a bien besoin en ce moment ! Mais une bonne partie des débats qu'il a soulevés n'épargne plus la France. Au pays d'Escoffier aussi il faut désormais lutter contre la « malbouffe ».

Ainsi, un opuscule rédigé pour rendre service à de « pauvres » Américains est aujourd'hui proposé aux Français dans l'espoir de les inciter à célébrer, à retrouver et pour certains à découvrir leur inestimable patrimoine gastronomique. Le grand Brillat-Savarin n'a-t-il pas déclaré que « la destinée des nations dépend de la manière dont elles se nourrissent » ? Alors, même si nous débat-tons de la place de la France dans le concert des nations ou de l'avenir de l'Europe, il est au moins un domaine dans lequel nous ne devrions jamais renoncer à notre primauté : l'art de vivre. Et cette première place nous impose de donner le bon exemple.

INTRODUCTION

Je ne suis ni médecin, ni biologiste, ni nutritionniste, ni psychologue, et je n'exerce pas une profession qui implique l'étude de mes semblables. En revanche, même si je vis depuis plusieurs décennies aux États-Unis, française je suis née, française je demeure, et les occasions d'observer mes compatriotes à table ne m'ont pas manqué, d'autant que je possède un bon coup de fourchette. Ces Françaises qui ne grossissent pas, et ce sans se priver : comment font-elles ? Voici le fruit de mes réflexions sur cette question.

Au fil de la dernière décennie, plusieurs études ont mis en lumière les bienfaits inattendus de la cuisine française. Ainsi le fameux « paradoxe français » a réconcilié les cardiaques et les fans de bien-être avec le vin rouge. Pourtant, les atouts indéniables de l'alimentation et du mode de vie des Français sont encore peu expliqués, tout comme l'étonnante capacité de certaines de leurs compatriotes à garder la ligne sans se priver. Prenons mon propre cas pour exemple : j'ai, à cet égard, conseillé avec succès de nombreuses Américaines, dont certaines des employées de Clicquot Inc., à New York. J'ai même donné des conférences sur la « sveltesse à la française ». Mes amis et collègues américains me demandent depuis des années de réunir ces préceptes dans un livre : ce jour est arrivé !

Quelques années après la fin de mes études universitaires, je me suis installée aux États-Unis. J'ai d'abord travaillé comme traductrice à l'ONU, puis pour le gouvernement français dans le cadre de la promotion des aliments et des vins de notre pays. J'ai épousé un homme merveilleux, un Américain, et bifurqué vers le secteur privé en 1984. La vénérable maison de champagne Veuve Clicquot, fondée en 1772, avait décidé de monter une filiale américaine afin de gérer l'importation et la commercialisation de son champagne et d'autres grands vins. Aujourd'hui, je suis P-DG de Clicquot Inc., qui fait partie du groupe de luxe LVMH.

Mon comportement alimentaire ne diffère guère de celui d'une Française typique. Pourtant, je cours depuis des années des « risques » supérieurs à la moyenne. Sans exagérer, mon travail implique environ trois cents repas au restaurant par an. Depuis deux décennies, j'ai souvent un verre de vin de champagne devant moi – mon travail, encore une fois. Et il s'agit de repas complets : vous ne me verrez jamais déjeuner d'une simple salade verte arrosée d'eau pétillante. Pourtant, je le répète, je n'ai ni kilos en trop ni problèmes de santé.

Congénitalement maigre ? Dotée d'un métabolisme exceptionnel ? Pas du tout. Comme la majorité de mes lectrices, j'ai vécu naguère le cauchemar des kilos qui s'installent, mine de rien, puis s'accumulent sur le ventre, les hanches et ailleurs... Il m'a suffi de quitter le nid familial et d'oublier les préceptes alimentaires que ma mère faisait régner à notre table. J'ai pris plus de dix kilos. Heureusement, j'ai bénéficié de l'appui de mon médecin de famille, que je surnomme depuis le « Dr Miracle » : c'est lui qui m'a appris à redécouvrir la sagesse gastronomique et héréditaire des Français, afin de retrouver ma silhouette et surtout de la conserver ! En quoi consiste mon « secret » ? Un mot tout d'abord sur ce qu'il n'est pas.

La majorité des ouvrages de régime (pour la plupart, ils ressemblent plus à des manuels de biochimie qu'à des livres de bien-être) reposent sur des programmes trop extrêmes et impossibles à suivre durablement. Vous finirez toujours par quitter la « Zone », par tomber de votre « Pyramide » ou par perdre le fil du décompte de vos calories. Et c'est bien normal. Pour ne rien arranger, chaque nouveau régime miracle contredit le précédent. Vous rappelez-vous l'époque du régime hyperglucidique ou du régime pamplemousse ? Aujourd'hui, on encense les protéines et les bonnes graisses, tandis que les glucides sont devenus les ennemis publics numéro un ; un jour, on vous enjoint de bannir les produits laitiers, et le lendemain de ne manger que cela. Idem pour le vin, le son ou la viande rouge. Le principe sous-jacent semble être que, si vous mangez jusqu'à saturation d'une catégorie d'aliments, vous finirez par perdre tout intérêt pour les plaisirs de la table et vos kilos excédentaires s'envoleront. Cela se produit parfois. Mais que se passe-t-il une fois abandonnée cette diète draconienne ? Vous le savez très bien... Voilà pourquoi je vous conseille d'oublier les régimes. Foin des idéologies et des technologies : mieux vaut envisager une approche équilibrée de la nourriture et de l'existence.

Rappelons en outre que les protocoles nutritionnels à la mode n'accordent aucune attention au métabolisme individuel. Pour la plupart écrits par des hommes, ils prennent rarement en compte les différences entre les physiologies masculine et féminine, encore moins le fait que le métabolisme d'une femme change au fil des ans : une femme de vingt-cinq ans avec des kilos superflus et une femme de cinquante-cinq ans dans la même situation ne se trouvent pas confrontées au même défi.

Si mes récits et mes leçons peuvent bénéficier à tous, ce livre s'adresse en priorité à la gent féminine, ne serait-ce que parce qu'il repose principalement sur ma propre expérience. Il est destiné à toutes les femmes du monde industrialisé qui jonglent entre exigences professionnelles, stress, globalisation et autres écueils de la société du XXIe siècle. Il ne concerne pas les personnes cliniquement obèses, ni celles qui ont besoin d'un régime spécifique conçu par un spécialiste, mais toutes celles ayant entre cinq et quinze kilos à perdre, et cela représente une grande proportion de la population. Je vous propose une approche globale, des stratégies et une philosophie adaptables à vos propres besoins, des menus et des recettes rapides, avec un rappel sur la nécessité de bouger un peu. J'aime également penser que les hommes de tous les pays y trouveront des informations utiles sur le sexe opposé.

Alors, quels sont les secrets de minceur des Françaises qui ne grossissent pas ? Comment des quinquagénaires arborent-elles une silhouette de jeune fille ? Les chapitres qui suivent reposent sur mes observations à Paris (où je passe environ trois mois par an), à New York, ainsi que partout ailleurs aux États-Unis et dans le monde. J'invite mes lectrices à se pencher sur les différences que j'ai pu noter et à modifier leur approche en conséquence.

Première constatation : ces Françaises qui gardent la ligne n'ont pas peur de grossir, ni de manger. Pour elles, tout le plaisir réside dans le fait de rester mince tout en mangeant bien – deux propositions incompatibles aux yeux de la plupart de mes amies américaines. Elles ne sautent pas de repas et ne remplacent jamais ceux-ci par une boisson amincissante. À midi, elles avalent une entrée, un plat et parfois un dessert, et la même chose (ou parfois plus) au dîner. Le tout assorti de vin, bien sûr. *Mais comment font-elles ?* Un indice : elles utilisent leur cerveau pour choisir leur menu et ne sortent jamais de table avec l'impression d'exploser ni en culpabilisant.

La clé de leur tactique consiste à découvrir qu'on peut manger moins avec autant de plaisir, qu'on peut manger de tout avec modération, en équilibrant son activité physique et son apport calorique ou en buvant de l'eau en proportion adéquate. Nous ne travaillons plus dix-huit heures par jour au fond d'une mine ou dans une ferme, et notre vie a bien changé depuis le temps des chasseurs-cueilleurs paléolithiques. Pourtant, nombre de nos contemporains mangent dix à trente pour cent de plus que nécessaire, non pas pour survivre, mais afin de satisfaire une « faim » psychologique. Il nous faut apprendre à contrôler et à satisfaire nos appétits, tout en déterminant quoi consommer, quand, et comment, quitte à « berner » notre estomac.

De nombreux nutritionnistes – par ailleurs tout à fait qualifiés – privilégient une approche de bon sens et se font payer une fortune pour expliquer comment la mettre en application. Les sommes dépensées pour perdre du poids se révèlent généralement démesurées au vu des résultats obtenus. La plupart des femmes n'ont pas les moyens de consulter un spécialiste, de s'inscrire dans un club de remise en forme, de fréquenter un centre de soins ou de se faire livrer leurs repas à domicile. Mais pour recouvrer les secrets de la minceur ancestrale des Françaises et apprendre à les mettre en œuvre, il ne vous en coûtera guère plus que le prix de ce livre. Mon approche est à la portée de presque tous les budgets : vous aurez seulement besoin d'une petite balance pour peser certains aliments pendant les trois premiers mois, d'une importance critique. Peut-être éprouverez-vous aussi l'envie d'acheter une yaourtière, afin de préparer de vrais yaourts, car ils constituent un élément essentiel de mon programme ; pour les plus de quarante ans, je recommande en outre l'achat d'une paire d'haltères destinés à entretenir les muscles. C'est tout.

Dans les pages qui suivent, je commencerai par relater mon enfance en France, puis je partagerai avec vous mon expérience de jeune femme confrontée à un problème de poids. J'espère guider chacune de vous vers *son propre équilibre*. Ne perdez jamais de vue ce concept car, si nos corps sont des machines, il n'en existe pas deux totalement identiques ; de plus, l'organisme se reconstitue régulièrement au fil des ans, si bien qu'un programme non évolutif ne peut se révéler bienfaisant à long terme. Je propose également des menus. Suivez-les à la lettre, si tel est votre désir, mais sachez que votre but ultime consiste à comprendre ce qui vous convient afin de développer une intuition nouvelle. Je vous prescris ici plutôt un modèle qu'une ordonnance ; à vous de l'adapter à vos préférences, aux besoins de votre corps, à votre emploi du temps, à votre environnement et aux diverses spécificités de votre quotidien. J'insiste sur sa simplicité et sa flexibilité, ainsi que sur la satisfaction que vous apportera le fait de gérer vous-même votre ligne et votre santé. Si qualifié soit-il, nul médecin reconverti en auteur mais ne vous ayant jamais rencontrée ne peut réaliser ces ajustements à votre place.

Tout en vous racontant ma propre histoire puis mes déboires adolescents, mon sauvetage et mon (ré-) apprentissage d'une approche qui fonctionne pour moi depuis plusieurs décennies, je vous indiquerai la voie à suivre au fil d'un programme complet.

Phase numéro un : la prise de conscience

Cette étape consiste à dresser l'inventaire de vos repas pendant trois semaines. Ce journal de bord vise à vous permettre de porter un regard sans concession sur ce que vous mangez : au bout de quelques jours à peine, ce constat vous incitera à modifier vos habitudes alimentaires.

Phase numéro deux : la rééducation

Petit rappel du mode d'alimentation traditionnel français, de sa variété et de la notion de « portion ». Au cours de cette phase, sont identifiés puis supprimés temporairement quelques aliments « coupables ». Ce processus dure habituellement trois mois, mais pour certaines un mois suffit. Il ne s'agit pas de s'imposer une discipline alimentaire, mais de laisser à l'organisme le loisir de reprendre ses marques. Bien sûr, cela implique une certaine discipline, mais la flexibilité reste d'une importance capitale : comprenez qu'il convient d'éviter la routine aussi bien à table que dans vos activités, et apprenez à faire primer la qualité sur la quantité – pas de pizza trois jours d'affilée, ni trois heures de gym le samedi. Il s'agit de vous réacclimater, en usant de vos cinq sens, à une nouvelle gastronomie (savez-vous qu'en grec ce mot signifie « règles de l'estomac ? »). Trois mois peuvent paraître longs, mais que sont trois mois consacrés à un travail que vous n'aurez plus jamais à refaire ? Évidemment, remettre à zéro les compteurs de votre organisme prend plus de temps que perdre les trois kilos d'eau constituant l'élément de départ de beaucoup de régimes extrêmes... Mais puisque, tout au long de cette étape, nous respectons les traditions culinaires françaises, elle se révélera riche de plaisirs.

Phase numéro trois : la stabilisation

À présent, vous allez peu à peu réintégrer dans vos menus tout ce que vous aimez manger, de façon contrôlée, bien sûr. Vous avez rééquilibré votre corps et devriez avoir déjà perdu au moins la moitié du poids dont vous souhaitiez vous débarrasser. Une excellente surprise vous attend : alors même que vous vous montrez plus indulgente envers vous-même, vous allez continuer à mincir tout en préservant votre nouvel équilibre. Je vous donnerai des conseils pour respecter le rythme des saisons et apprendre à assaisonner les mets – ce n'est guère compliqué. Mes recettes reposent sur le principe des variations sur un même thème, ou comment préparer trois plats simples et succulents à partir de la même recette de base : cela permet d'économiser du temps, de l'argent et des calories.

Phase numéro quatre : le reste de votre existence

Vous avez désormais atteint votre objectif pondéral et un équilibre de vie ; tout le reste ne sera que peaufinage. Vous en savez à présent assez sur votre corps et vos préférences pour effectuer les petits

« réglages » indispensables si votre existence prend un tour imprévu ou lorsque vous entrez dans une nouvelle phase. Vos habitudes alimentaires et vos habitudes de vie sont à présent adaptées à vos goûts et à votre métabolisme, et, comme un tailleur Chanel, elles devraient vous convenir pour le restant de vos jours, moyennant quelques retouches au fil des ans. Les repas sont devenus pour vous un moment de bien-être : vous prêterez attention à la fraîcheur et à la saveur des ingrédients, à la présentation, à la couleur et à la variété des mets... et non plus à leur teneur en calories, en glucides, en protides ou que sais-je encore ! Le plaisir a remplacé les punitions et vous savourez sans complexe du chocolat et un verre de vin au dîner.

Outre l'alimentation, qui constitue le principal volet de ce livre, je me pencherai sur d'autres aspects d'un mode de vie sain, qui apportent également du plaisir. Pas plus qu'en matière alimentaire vous ne découvrirez de mesures draconiennes, ni sur le plan physique, ni sur le plan émotionnel, ni sur le plan intellectuel, ni sur le plan spirituel ou financier, mais seulement un certain sens de l'équilibre. Pour la plupart, il s'agit d'efforts simples que l'on peut effectuer partout – toutes les femmes minces ne fréquentent pas un club de gym, mais si vous aimez le fitness en salle, ne vous gênez surtout pas. Rappelez-vous l'adage de Montaigne, toujours d'actualité : « Un esprit sain et un corps sain travaillent de concert. » Et pour garantir la conjonction de ces deux éléments, rien ne remplace la joie de vivre.

À l'inverse des autres « livres de régime », cet ouvrage ne propose ni graphiques ni tests et ne vous indiquera pas de vous reporter à la page « x », hormis pour les recettes ; vous devrez donc le lire de bout en bout ! Apprendre à s'alimenter correctement ressemble à l'étude d'une langue étrangère : rien de tel qu'une immersion totale.

Commençons à présent.

1

VIVE L'AMÉRIQUE : JE SUIS GROSSE !

J'adore mon pays d'adoption. Mais quand je l'ai découvert pour la première fois, dans le cadre d'un échange scolaire qui m'avait conduite dans le Massachusetts, j'ai d'abord appris à aimer ses cookies au chocolat et ses brownies... et j'ai pris dix kilos !

Mon histoire d'amour avec les États-Unis a commencé en même temps que mon amour pour la langue anglaise. Nous nous sommes rencontrées au lycée ; j'avais onze ans. L'anglais est vite devenu ma matière préférée après la littérature française et je vénérais mon professeur d'anglais. Cet homme n'avait jamais mis les pieds outre-Atlantique mais parlait la langue de Shakespeare avec un superbe accent américain car, pendant la Seconde Guerre mondiale, il s'était lié dans un camp de prisonniers avec un professeur de lycée originaire de Weston, Massachusetts. Les deux amis se promirent, s'ils survivaient au conflit, de créer un programme d'échange scolaire. Voilà pourquoi, chaque année, un lycéen de Rombas, notre petite ville industrielle, partait pour Weston, tandis qu'un jeune Américain de Nouvelle-Angleterre séjournait en Lorraine. Ce programme existe toujours et demeure très couru.

En terminale, j'avais obtenu des notes suffisamment élevées pour postuler, mais passer un an aux États-Unis ne me tentait pas. Bien décidée à devenir professeur d'anglais, je brûlais d'entamer sans plus tarder mes études à l'université de Metz ou de Nancy ; en outre, comme toute jeune fille de dix-huit ans, j'étais follement amoureuse d'un garçon – le plus beau jeune homme de la ville, sinon le plus brillant (j'admets qu'il n'affichait pas un QI exceptionnel), et la coqueluche de toutes mes camarades. Comme je ne voulais pas m'éloigner de lui, je n'ai même pas songé à poser ma candidature. Pourtant, dans la cour de récréation, on ne parlait que de Weston. On donnait mon amie Monique pour favorite : non seulement elle rêvait de partir, mais en plus elle était la meilleure élève de notre classe. Un atout certain pour convaincre le comité de sélection, dirigé par mon professeur d'anglais, qui comprenait d'autres enseignants, des membres de l'association de parents d'élèves, le maire, le prêtre et le pasteur. Mais le matin où le nom de l'heureuse élue devait être proclamé, on annonça qu'aucune décision n'avait été prise.

Le jeudi suivant – jour de congé hebdomadaire, à l'époque –, mon professeur d'anglais sonna à la porte de mon domicile. Il était venu voir ma mère, démarche incongrue au regard de mes bons résultats. Quand il fut reparti, un grand sourire aux lèvres, ma mère m'appela auprès d'elle pour m'annoncer une grande nouvelle.

Apparemment, le comité de sélection n'avait pas trouvé de candidate acceptable. Quand j'évoquai Monique, ma mère s'efforça de m'expliquer une chose difficile à comprendre à mon âge : si mon amie présentait en effet les qualifications requises, ses parents étaient communistes... Le comité avait longuement étudié son cas (nous habitions une petite ville où chacun savait tout sur ses voisins) avant d'en arriver à la conclusion qu'une fille de communistes ne pouvait nous représenter dignement aux États-Unis.

Mon professeur avait alors proposé mon nom et recueilli l'assentiment général. Comme je n'avais pas posé ma candidature, il lui avait fallu venir convaincre mes parents de me laisser partir pour les États-Unis. Mon père aurait sans doute vivement rechigné à voir s'éloigner sa petite fille chérie pendant une longue année, mais il n'était pas là. Peut-être mon professeur avait-il délibérément misé sur son absence ; en tout cas, il avait réussi à « vendre » l'idée à Mamie, comme j'appelais ma mère. À elle incombait à présent une double tâche : venir à bout des réticences de mon père... et des miennes. Certes, Mamie s'inquiétait de m'envoyer aussi loin, mais selon elle l'occasion était trop belle... et elle obtenait souvent gain de cause. Pour ma part, je redoutais la réaction de Monique quand elle apprendrait la décision du comité. À tort : elle fut la première à déclarer que je ferais une parfaite ambassadrice. Ses parents lui avaient déjà expliqué sans détour que, en pleine guerre froide, leurs idées politiques joueraient en sa défaveur.

Je partis donc pour l'Amérique. Je passai une année merveilleuse, qui bouleversa le cours de mon existence. Aux yeux d'une jeune Française, Weston, riche banlieue de Boston, illustrait une Amérique de carte postale, avec ses immenses pelouses taillées au cordeau et ses vastes demeures habitées par des familles aisées et cultivées. On jouait au tennis, on montait à cheval, on se baignait dans les piscines, on jouait au golf, et chaque foyer possédait deux ou trois voitures – un « standing » sans commune mesure avec celui prévalant dans ma petite ville de l'est de la France ! Là-bas, je vécus mille expériences enrichissantes. Seulement, je ne me contentai pas d'étoffer mon cercle d'amis et mon vocabulaire : ma silhouette suivit discrètement le même chemin. Petit à petit, sans m'en rendre compte, j'accumulai ainsi au moins sept ou huit kilos, sans doute plus. C'est à Nantucket, où l'une de mes familles d'accueil m'avait emmenée, que je pris pour la première fois conscience du problème en me voyant en maillot de bain dans un miroir. Ma « mère » américaine, ayant peut-être déjà vécu une expérience similaire avec une autre « fille », comprit ma détresse. Couturière émérite, elle acheta un métrage de très joli tissu et me confectionna une robe d'été. Voilà qui semblait résoudre le problème, mais c'était reculer pour mieux sauter. On était en août, un mois avant mon retour en France.

À la tristesse de quitter mes nouveaux amis s'ajouta, au cours de mes dernières semaines aux États-Unis, une certaine appréhension à la perspective de ce que ma famille et mes amis penseraient de ma nouvelle silhouette. Je n'avais en effet jamais évoqué ma prise de poids dans mes lettres et m'étais toujours arrangée pour envoyer des photos cadrant seulement mon visage.

L'heure de vérité approchait.

2

LE RETOUR DE LA FILLE PRODIGUE

Mon père et mon frère vinrent me chercher au Havre, au pied de la passerelle du *Rotterdam* (en cette fin des années 1960, les Français préféraient encore traverser l'Atlantique en paquebot). Avec moi arrivait la nouvelle bénéficiaire américaine du programme d'échanges scolaires, pour passer l'année scolaire dans notre ville.

Comme mon père ne m'avait pas vue depuis un an, je m'attendais à des effusions embarrassantes : il allait sûrement se précipiter pour me serrer contre son cœur. Rien de tel. Il m'attendit sagement sur le quai, me considéra d'un œil ébahi, et, quand j'arrivai devant lui, après quelques interminables secondes de silence, tout ce qu'il réussit à dire à sa petite fille chérie, de retour après une année d'absence, fut : « Tu ressembles à un sac de patates ! » Heureusement, mon amie de Weston parlait encore assez mal le français, cela lui épargna une première impression déconcertante sur les rapports familiaux du Vieux Continent.

Difficile d'imaginer un commentaire plus douloureux pour une jeune fille de dix-neuf ans : il me suffit d'y repenser pour le ressentir comme une gifle. Mon père n'avait pas voulu me blesser ; il avait juste été trahi par sa spontanéité (il faut dire qu'il n'a jamais brillé par son tact !). Une précision s'impose toutefois : à cette époque, les parents n'étaient pas avertis des méfaits potentiels d'une critique émise sur l'apparence physique d'une adolescente mal dans sa peau. Cela ne m'empêcha pas de prendre très mal ce cri du cœur. J'étais à la fois triste, furieuse et désemparée. Ni mon père ni moi ne pouvions imaginer l'impact de cette remarque malencontreuse sur mon avenir.

Avant de regagner la maison familiale, nous fîmes une étape de quelques jours à Paris, afin de montrer la Ville Lumière à mon amie de Weston. Mais ma maussaderie tenace gâcha cette visite et chacun fut soulagé de reprendre la route.

Les mois suivants furent empreints d'amertume et de malaise. Je ne voulais pas qu'on me voie, mais tout le monde voulait saluer l'« Américaine ». Ma mère, ayant aussitôt compris non seulement comment et pourquoi j'avais pris tout ce poids, mais aussi ce que je ressentais, sut me réconforter et éviter les sujets qui fâchent. Je l'y aidai sans doute en partie, en lui donnant d'autres soucis plus graves.

À présent que j'avais découvert le monde, il n'était en effet plus question pour moi de me contenter de l'université locale. Je voulais étudier les langues à Paris, tout en suivant un cursus littéraire à la Sorbonne. Un programme inhabituel et bien trop lourd.

L'idée de me voir repartir, cette fois pour la capitale, ne plaisait guère à mes parents. En admettant que je réussisse l'examen d'entrée dans la grande école de mon choix (ce n'était pas gagné, car la compétition était rude), mon emménagement dans un endroit situé à trois heures et demie de la maison représenterait pour eux un énorme sacrifice émotionnel et financier. Il me fallut donc plaider ma cause avec insistance. Sans doute alarmés par mon évident mal de vivre, ils finirent par céder et m'autoriser à me rendre à Paris pour me présenter au fameux examen d'entrée. Je fus admise et, à la fin septembre, je m'installai. Mes parents, qui avaient toujours cherché à m'offrir le meilleur, ne pouvaient qu'applaudir à la perspective d'études aussi prestigieuses.

À la Toussaint, j'avais accumulé deux kilos supplémentaires et à Noël encore trois autres. Avec mon mètre soixante, j'étais à présent indéniablement grassouillette et je ne rentrais plus dans aucun de mes vêtements, pas même la robe d'été cousue par ma « mère » américaine. Je me fis confectionner deux robes en lainage sur le même modèle mais dans la taille au-dessus, afin de cacher mes rondeurs. Je détestais mon apparence. Je ressemblais chaque jour un peu plus au « sac de patates » auquel mon père m'avait comparée... et aucune de mes amies ne présentait le moindre problème de poids. Je pleurais tous les soirs en m'endormant et je fuyais les miroirs.

C'est alors qu'intervint une sorte de miracle de Noël ou plutôt un médecin que je rebaptiserais par la suite le « Dr Miracle ». Profitant des vacances universitaires, Mamie demanda au Dr Meyer, notre médecin de famille, de passer à la maison. Elle avait arrangé ce rendez-vous discrètement, soucieuse de ménager ce qui me restait d'amour-propre. Le Dr Meyer me connaissait depuis toujours et c'était l'homme le plus gentil du monde. Il me fit une promesse : retrouver la ligne serait facile, je devrais juste mettre en application quelques « bons vieux trucs français ». À Pâques, m'assura-t-il, j'aurais pratiquement retrouvé mon ancienne silhouette et, au mois de juin, à la fin de l'année universitaire, je pourrais sans problème renfiler mon maillot de bain « d'avant », celui que j'avais emporté aux États-Unis. Les kilos s'envoleraient beaucoup plus vite qu'ils ne s'étaient installés. Perspective mirifique à mes yeux. Comme dans les contes de fées, ma métamorphose à l'envers devait rester un secret entre nous deux : inutile d'ennuyer les autres avec les détails de notre plan, m'expliqua-t-il. Bien entendu, je voulais faire confiance au Dr Meyer et, heureusement pour moi, il n'existait pas à l'époque beaucoup d'autres solutions.

L'ordonnance du Dr Miracle

Pendant trois semaines, je notai tout ce que je mangeais. Cette tactique semblera familière aux adeptes de certains régimes modernes, tel celui des Weight Watchers. Je devais non seulement noter ce que je mangeais et en quelle quantité, mais aussi quand et où je me nourrissais. Le Dr Miracle ne me demanda pas de compter les calories, ce que j'aurais été de toute façon bien incapable de faire. Cet exercice visait à lui permettre d'évaluer la *valeur nutritive* (j'entendais cette expression pour la première fois) de mon alimentation. Comme il ne me demandait rien de plus, je me livrai à cet exercice sans regimber. Vous aussi devrez commencer par cette étape.

Le Dr Meyer ne souhaitait pas non plus des précisions au gramme près. « Donnez-moi juste une estimation des quantités », me dit-il. La seule unité qu'il prenait en compte était la « portion », équivalant en gros à une pomme de taille moyenne. Aujourd'hui, avec nos assiettes trop bien remplies, je pense qu'un peu plus de rigueur s'impose : là intervient ma petite balance de cuisine. En outre, il est souvent plus facile de peser des tranches de pain que de comparer leur volume avec celui d'une pomme !

Trois semaines plus tard, de retour à la maison pour le week-end, je revis le Dr Miracle. Il vint déjeuner puis il étudia mon agenda alimentaire. Il identifia d'emblée un schéma évident à ses yeux... schéma que moi, qui notais pourtant la moindre miette qui franchissait mes lèvres, je n'avais pas même entrevu ! Le trajet qui séparait ma fac de la chambre que je louais dans le VIIe arrondissement ne comportait pas moins de seize pâtisseries ; sans en avoir conscience, j'achetais une part de plus en plus importante de mes repas dans ces établissements. En outre, quand je rentrais en Alsace-Lorraine, ma mère préparait tout naturellement mes desserts favoris, sans savoir que j'en mangeais d'autres en douce, même sous son toit.

En une journée, j'arrivais à déguster un choix impressionnant de gâteaux et de viennoiseries. Le matin, je dévorais un croissant, un pain au chocolat, une chouquette ou une tarte au sucre. Avant le déjeuner, je faisais un détour par la célèbre boulangerie Poilâne, où je ne résistais pas aux attraits d'un pain aux raisins, d'une tarte aux pommes ou de petits sablés. Mes pas me menaient ensuite dans un café, pour l'inévitable jambon-beurre suivi d'un café agrémenté des dernières miettes des gâteaux Poilâne. Mon dîner comportait chaque jour un éclair, un paris-brest, une religieuse ou un mille-feuille, bref quelque douceur crémeuse et sucrée ; parfois même, mon repas du soir se composait exclusivement de pâtisseries. Il m'arrivait d'ajouter à cet imposant palmarès un palmier au goûter. Comme de nombreux étudiants, je me nourrissais de plats préparés, si bien que je ne mangeais presque pas de légumes, et mon apport en fruits provenait pour l'essentiel des tartes... Ces étranges menus me satisfaisaient et ne me posaient aucun problème, hormis, bien entendu, celui de ma silhouette.

À l'évidence, il ne s'agissait pas de mauvaises habitudes contractées aux États-Unis, où les pâtisseries sont fort rares, même si à l'époque comme aujourd'hui il ne manquait pas de vendeurs de cookies, de crèmes glacées et autres sucreries confectionnées avec des ingrédients encore plus nocifs que la crème et le beurre. Je devais cependant apprendre que l'adoption du mode d'alimentation américain m'avait pervertie et rendue très vulnérable aux dangers présents dans les vitrines parisiennes. J'avais en effet pris certaines habitudes aux États-Unis :

manger debout, ne pas préparer mes repas et avoir une alimentation tout à fait déséquilibrée...

À mon retour en France, j'avais continué à avaler n'importe quoi, même si l'on n'y trouvait alors ni brownies ni bagels. Peut-être ma patrie d'adoption me manquait-elle et recherchais-je ainsi sans le savoir ma madeleine américaine... En tout cas, je faisais le meilleur (ou le pire) usage de toutes les bonnes choses proposées par la France. Je finis par me transformer en accro au mille-feuille et, comme dans toute forme de toxicomanie, mon corps en vint à exiger des quantités croissantes d'une substance naguère délicieuse en faible quantité. Il était temps pour moi d'entreprendre une cure de désintoxication.

Heureusement pour moi, le Dr Miracle adopta une approche moins violente et plus civilisée. D'après lui, chacun de nous abrite en lui deux personnalités : l'une aspire à la minceur et à la forme, l'autre veut autre chose. La première, dotée d'une vision à long terme, recherche le bien-être, l'estime de soi et la possibilité de se vêtir à la dernière mode ; l'autre cherche des satisfactions plus immédiates et répétées. Narcisse penché sur son bassin s'oppose à Pantagruel affalé sur sa table. Le propos, m'expliqua le Dr Meyer, n'était pas de vaincre cette seconde personnalité, mais d'effectuer un travail de conciliation des deux volets de son être, afin de devenir maître de sa volonté *et* de ses plaisirs. Logique du bon sens.

« Il ne faut jamais oublier qu'il y a poids et poids », poursuivit le médecin. D'abord le poids « idéal » figurant sur les tableaux des compagnies d'assurances, lequel repose uniquement sur le rapport entre la corpulence et la taille ; ensuite le poids « mode », beaucoup moins naturel et soumis à des impératifs commerciaux ; enfin le poids de forme, celui où on se sent bien dans sa peau. Ce dernier représentait notre objectif commun, afin que je puisse me dire : « Je me sens bien et je me trouve bien. » Cet objectif varie plusieurs fois au cours d'une vie. Il participe de l'apprentissage d'un narcissisme bien compris, doublé d'un certain hédonisme, ces deux approches n'étant pas aussi contradictoires qu'il y paraît.

Tout est affaire d'équilibre : c'était en quelque sorte le mantra du Dr Miracle. Grâce à lui, c'est aussi devenu le mien et cela l'est resté depuis lors. En pratique, il s'agissait pour moi de trouver mon équilibre personnel et d'apprendre à le préserver, dans le but de rester toujours « bien dans ma peau ».

Par exemple, manger des pâtisseries ne posait pas en soi de problème ; en revanche, ma consommation dépassait la mesure. De ce fait, pendant les trois mois à venir, j'allais être amenée à réduire celle-ci, à trouver des plaisirs moins caloriques, et à réserver gâteaux et pâtisseries pour les grandes occasions – celles pour lesquelles ce type de desserts est conçu. Il s'agissait moins de me priver que d'étudier mon alimentation et de la reprogrammer. Car, comme je le découvrirais bientôt, trouver son équilibre relève plus de l'esprit que de l'estomac. Cela implique de mettre au jour nos petits démons, pour reprendre l'expression du bon docteur, et de mieux les combattre. Comprendre que tout changement d'habitudes dépend d'un état d'esprit permet de réaliser que la seule approche efficace prend sa source dans une démarche intellectuelle. Par la suite, je pourrais réintroduire mes mets favoris, mais avec modération, afin de les savourer sans culpabilité ni prise de poids. Plus facile à dire qu'à faire ? Peut-être. À vous d'en juger, à mesure que vous avancerez dans la lecture de ces pages.

Le Dr Miracle possédait d'indéniables talents de psychologue. Il reconnaissait que tous les régimes, même ceux qui, à long terme, conduisaient à l'échec, présentaient au moins un point positif : le coup de fouet qu'ils donnent au début. L'équilibre se cultivant peu à peu, il n'était pas question que je me l'impose du jour au lendemain. Mon mentor avait néanmoins prévu un programme spécial pour mon premier week-end, afin de me mettre sur la voie de la minceur. Après cela, je procéderais semaine par semaine. Il me prévint que les week-ends et les vacances engendraient des excès, mais que, petit à petit, même mes excès deviendraient plus « intelligents ». En attendant, je devais apprendre l'art de les compenser au cours de la semaine qui suivrait. Par chance, le Dr Miracle était tout aussi gourmand que moi. Il me donna donc des recettes savoureuses.

Revenons à ce premier week-end, l'unique phase pénible du programme. En définitive, il se révéla fort supportable grâce à sa recette de potage « magique » aux poireaux, précisant que les femmes de la région y recouraient depuis des générations. Il l'avait d'ailleurs jadis prescrite à ma mère et à ma grand-mère. Pauvres en calories mais extrêmement nutritifs, les poireaux exercent en outre une légère action diurétique.

Me nourrir pendant quarante-huit heures de potage aux poireaux en buvant de l'eau à volonté allait me permettre d'enclencher le processus d'amincissement. Pour moi, ce week-end marqua le début d'une nouvelle vie axée sur le bien-être, et l'aube de mon histoire d'amour avec les poireaux, sur laquelle je reviendrai. J'utilise encore à l'occasion le truc du « potage magique » aux poireaux. Testez-le pour commencer votre programme, une fois votre journal alimentaire de trois semaines achevé.

POTAGE MAGIQUE AUX POIREAUX

Pour une personne pour le week-end

INGRÉDIENTS

1 kg de poireaux
1,5 l d'eau
Sel

1. Coupez les feuilles vert foncé des poireaux et ne conservez que le blanc et un peu de vert clair. Lavez avec soin.
2. Placez les poireaux dans un grand faitout et recouvrez-les d'eau. Salez légèrement. Portez à ébullition, puis baissez le feu et laissez frémir à découvert pendant 20 à 30 minutes. Videz le liquide dans un récipient et réservez-le. Disposez les poireaux dans un plat.

Vous boirez ce bouillon réchauffé ou à température ambiante, selon votre préférence, à raison d'un bol d'un quart de litre toutes les deux ou trois heures.

Aux repas ou quand vous avez faim, mangez quelques poireaux cuits assaisonnés de quelques gouttes d'huile d'olive extra-vierge et de jus de citron. Salez et poivrez légèrement. Vous pouvez ajouter un peu de persil haché.

Voilà en quoi consistera votre alimentation pendant deux jours, jusqu'au dîner du dimanche, au cours duquel vous pourrez manger un petit morceau de viande ou de poisson (de 115 à 170 grammes : sortez votre balance !) avec des légumes cuits à la vapeur, agrémentés d'un peu de beurre ou d'huile d'olive. Terminez ce repas par un fruit.

Je plains les personnes incapables d'apprécier la saveur subtile et la texture délicate des poireaux. Si vraiment vous n'aimez pas ce légume, suivez l'exemple de ma cousine d'Aix-en-Provence : elle avait besoin de perdre quelques kilos après la naissance de ses deux fils et, comme elle détestait les poireaux, une voisine lui suggéra de dissimuler leur goût en ajoutant d'autres ingrédients simples et savoureux. Nous avons baptisé cette version provençale du potage miracle le « potage mimosa ».

POTAGE MIMOSA

Pour une personne pour le week-end

INGRÉDIENTS

- 1 laitue
- 250 g de carottes
- 250 g de céleri-rave
- 250 g de navets
- 500 g de poireaux
- 250 g de chou-fleur
- 1/2 botte de persil haché
- 2 œufs durs hachés

1. Nettoyez les légumes, coupez-les en morceaux, puis disposez-les dans un faitout, à l'exception du chou-fleur et du persil. Recouvrez d'eau, ajoutez un peu de sel, portez à ébullition et laissez frémir à découvert pendant 40 minutes. Ajoutez le chou-fleur et laissez cuire 15 minutes de plus.
2. Passez tous les légumes cuits au presse-purée.
3. -Servez ce potage dans un bol garni de persil et d'œuf dur haché.

Prenez une tasse de ce potage (à température ambiante ou réchauffé) toutes les trois heures environ, pendant toute la journée du samedi et celle du dimanche. Au dîner du dimanche, vous pourrez manger un petit morceau (de 115 à 170 g) de poisson ou de viande, des légumes à la vapeur avec un soupçon de beurre ou d'huile d'olive, et un fruit. Quoique moins liquide et moins « magique » d'aspect que la version originale, ce potage se révèle une alternative efficace et délicieuse.

Ces deux recettes sont très savoureuses : impossible de voir en elles un « châtiment ». Surtout s'il s'agit de saveurs nouvelles pour vous, pensez à inscrire vos impressions sur une page vierge du bloc-notes utilisé au préalable pour noter vos repas des trois dernières semaines. Cet exercice intensifiera votre plaisir gustatif ; il vous donnera peut-être l'envie de tenir un nouveau journal, gastronomique cette fois, à l'instar des œnophiles.

3

LES COMPTEURS À ZÉRO : LES TROIS PREMIERS MOIS

Pendant que vos poireaux mijotent, posez-vous quelques questions de fond.

1. Quelle est ma motivation ? Ai-je peur que mon mari ou mes amies me traitent de bouboule ? Est-ce parce qu'aucun de mes vêtements ne me va plus ?

   La peur et le dégoût de soi constituent souvent l'élément déclencheur d'un programme de perte de poids, et ce n'est pas forcément une bonne chose. La minceur durable repose en effet sur le plaisir des sens. Cela vous paraît paradoxal ? La moitié de nos mauvaises habitudes résultent pourtant du manque d'attention portée à nos besoins et à nos goûts véritables. Nous mangeons sans réfléchir ni profiter des saveurs, nous n'apprécions pas *vraiment* nos excès et, n'ayant pas conscience de nous faire plaisir, nous en abusons. Peut-être avez-vous renoncé à suivre la mode ou à essayer de nouvelles robes. Il est très facile pour une épouse et une mère travaillant à plein temps d'oublier la notion de plaisir ; il se peut même qu'une partie de vous la juge égoïste. Comprenez bien : il n'y a rien de noble à vous défendre de cultiver de petits bonheurs ; cela aboutit seulement à une prise de poids et à une humeur grincheuse ! Vous devez découvrir ce qui vous plaît et vous donner les moyens de vous faire plaisir. Chacun de nous ayant des goûts et un métabolisme uniques, soyez à l'écoute de vous-même et de ce qui vous comble, afin de pouvoir adapter mon programme à vos préférences personnelles. Je vous propose un engagement pour la vie, un engagement qui garantit une vie de bonne santé et de bien-être.

2. Que se passe-t-il ? On ne peut remettre en question son alimentation et son mode de vie sans se pencher sur des facteurs physiques et émotionnels. Pourquoi, selon vous, avez-vous pris du poids ? À cause de votre âge ? À cause de tensions familiales ou professionnelles ? Par solitude ? À cause de la mode ? (Croyez-le ou non : certaines d'entre nous prennent du poids juste au moment où la mode pardonne le moins quelques kilos excédentaires !) Vous venez d'avoir un bébé ? Vous avez arrêté de fumer ? Vous avez faim en permanence ? Vous croulez sous le stress ?

Les combinaisons possibles de causes physiques et psychologiques sont bien trop nombreuses pour être énumérées ici de manière exhaustive. Perdre son équilibre alimentaire constitue, dans certains cas, le symptôme d'un traumatisme plus profond. S'il s'agit d'un problème très grave, n'hésitez pas à rechercher une aide extérieure. Mais s'il vous reste des ressources, vous pourrez sans doute l'identifier seule et apprendre à le gérer. Si vos mauvaises habitudes alimentaires sont pour vous un moyen de compenser d'autres soucis, apprenez à trouver des alternatives. Même chose si vous avez troqué la nicotine contre les chips.

Cela étant posé, abordons la remise à zéro que vous effectuerez au cours des trois prochains mois. Il vous incombera en premier lieu d'identifier vos principaux « ennemis » : certains seront éliminés, d'autres conservés, mais en quantité limitée. L'approche à suivre dépendra de vos besoins individuels.

« Raflez les suspects habituels »

La fameuse réplique du capitaine Renault dans *Casablanca* (quand il s'abstient d'arrêter Humphrey Bogart, qui vient de tuer un officier nazi) constitue mon premier commandement s'agissant d'une remise à zéro des compteurs de l'organisme.

Penchons-nous d'abord sur votre journal alimentaire : quelque chose dans vos repas des trois dernières semaines vous paraît-il louche ? Peut-être pas. Sans l'intervention du Dr Miracle, je n'aurais pas identifié mes propres « suspects », ces aliments que j'absorbais en quantité disproportionnée. Mes principaux problèmes s'appelaient pain, pâtisseries et chocolat. Ces vices ne sont pas si rares. Mais peut-être en faites-vous une consommation tout à fait raisonnable, voire minime. Si vous vous contentez d'un morceau de pain à midi et d'une petite part de tarte au dîner, vos propres « ennemis » sont peut-être tout autres.

Analysez votre agenda afin de déceler les éventuels excès. Vous pouvez commencer par vous demander : « De quoi pourrais-je me passer, au moins de façon partielle ? » Imaginons par exemple que le seul élément qui vous permette de supporter votre journée de travail est la perspective du verre que vous prendrez le soir, dans un bar, avec vos amies : pouvez-vous vous limiter à un seul apéritif ? Envisagez aussi d'éviter de sortir un soir sur trois. Si vous priez le serveur de remplir la corbeille de pain avant même qu'il ait pris votre commande, demandez-vous si un morceau mangé lentement avec votre plat ne pourrait pas vous satisfaire... ou bien essayez simplement d'attendre l'arrivée de votre assiette. Si vous finissez systématiquement votre assiette de frites jusqu'à la dernière, etc. Vous voyez sans doute où je veux en venir.

Il ne s'agit pas d'opérer des changements radicaux, mais d'identifier les petits détails qui s'accumulent pour vous faire perdre la ligne. À présent, posez-vous cette autre question : « Qu'est-ce que j'apprécie le plus ? Un verre avec mon dîner ? Le cône de glace du dimanche après-midi ? » Considérez les aliments que vous mangez régulièrement et essayez de déterminer lesquels vous procurent un réel plaisir et ceux dont vous abusez sans raison valable.

Les femmes minces savent également que ce sont les premières bouchées d'un mets qui procurent le plus de plaisir ; elles se resservent donc rarement. Une véritable friandise doit rester un plaisir que l'on s'accorde de façon exceptionnelle. Sa rareté fait sa valeur.

Vous n'arrivez toujours pas à décider de quels aliments vous débarrasser ? Alors, le moment est venu d'arrêter les « suspects habituels », à l'instar de l'inspecteur Renault. Voici quelques exemples de mets consommés en trop grande quantité par beaucoup de femmes : les chips, les pâtes, les pizzas, les plats frits, les jus de fruits, la bière et l'alcool, les sucreries et autres barres chocolatées, les glaces et les sodas. Si vous retrouvez l'un de ces ingrédients au quotidien, par exemple des frites avec votre croque-monsieur, la marche à suivre pendant les trois prochains mois est simple : efforcez-vous de bannir entièrement ces « coupables » sans en souffrir outre mesure ; néanmoins, si l'un d'eux joue un rôle essentiel dans le contentement que vous procure un repas, réduisez vos portions de manière graduelle. Par exemple, un jus de fruit coupé d'eau pétillante se révèle plus désaltérant, et vous pourrez progressivement réduire la part de jus.

Le pain, symbole de la nourriture pour nous Français, constitue un cas à part, tout comme le chocolat, car il s'agit d'aliments susceptibles de se révéler vos meilleurs amis comme vos pires ennemis ; nous y reviendrons dans un chapitre ultérieur. Mais si vous engloutissez trois morceaux de pain par repas, essayez de vous contenter d'un seul ; n'hésitez pas à repousser la corbeille si vous n'en avez pas *vraiment* envie. Ainsi, au lieu de vous brancher sur pilote automatique dès que vous vous attablez, vous apprendrez peu à peu à écouter vos besoins.

Devant vous s'ouvrira une vie de plaisirs gustatifs, alors même que vous mangerez moins. Vous atteindrez ce stade une fois démasqués les « coupables », pour la plupart des aliments que nous avons tendance à manger de façon compulsive, sans y prendre autant de plaisir que nous le croyons. Il s'agit souvent de produits bas de gamme, comme les fromages industriels (au lieu de vrais produits de caractère). Quand vous aurez appris à remplacer ces denrées médiocres par des mets vraiment satisfaisants, vous comprendrez que manger moins peut réellement procurer un plaisir accru. Vous découvrirez que l'on peut frôler l'extase en dégustant un seul morceau de chocolat noir de qualité, bien plus qu'avec une douzaine de barres chocolatées. Puisque nous évoquons ce sujet, pensez aussi à éliminer tous les « chocolats » additionnés de fécule ou de sirop de maïs, de saveurs ou de colorants artificiels, ou trop riches en sucre.

On cite à tort et à travers la maxime de Descartes, « Je pense, donc je suis », mais ce philosophe du XVIIe siècle s'était aussi interrogé sur les interactions entre le corps et l'esprit. Il avait notamment deviné l'incidence des passions de l'âme sur le bon fonctionnement de l'organisme. Le secret minceur des Françaises qui ne grossissent pas réside principalement dans leur tête. C'est une chose d'identifier les aliments qui vous font perdre la ligne ; c'en est une autre d'apprendre à gérer son appétit. Si l'humanité disposait d'une volonté de fer, ce livre serait sans objet. Rester mince n'est *pas* une question de volonté. Il s'agit plutôt de maîtriser l'art très précieux de l'« autopersuasion » – volet mental du bien-être (à mon avis, un contrôle total du corps par l'esprit serait plutôt une mauvaise chose, car il impliquerait un manque d'ouverture aux délices offertes par nos cinq sens).

Comment de simples mortelles résisteront-elles à trois mois de limitation des « coupables » tandis qu'elles acquièrent de nouvelles habitudes, en vue d'un nouvel équilibre ? Voici les principes de base que m'a transmis le Dr Miracle et que j'ai ajustés par la pratique au fil des ans. Je vais vous les présenter rapidement, afin de vous permettre d'entreprendre sans délai la remise à zéro de vos compteurs corporels. Mais avant de les ériger en règles de vie, vous devrez les assimiler peu à peu en lisant les chapitres suivants, les apprendre ou les réapprendre afin de vous réconcilier avec la nourriture. Pour l'heure, tenons-nous-en à quelques préceptes de base...

Lenteur et régularité

Une perte de poids rapide n'apporte pas de gloire durable. C'est pourtant ce que la plupart des régimes à la mode proposent : une phase de souffrance de courte durée (répartie sur quelques semaines et non sur plusieurs mois) pour des résultats temporaires... Tant que vous croirez pouvoir vous débarrasser de vos kilos superflus simplement à force de volonté et de privations, sans doute reprendrez-vous ceux que vous avez perdus, voire quelques autres en prime (ce sont les fameux « kilos yoyo »). Si mon programme produit chez vous des résultats spectaculaires en un mois, c'est que vous avez beaucoup de chance. Une véritable régénération de l'organisme prend en effet trois mois. La clé du succès consiste à faire de ce trimestre une rééducation agréable et non une séance de torture !

Variété

Le Dr Miracle m'expliqua en outre que les régimes « jockey » comportaient des risques de carence potentiellement plus dangereuses qu'un excédent pondéral. La solution ne réside pas dans la prise de suppléments, mais plutôt dans une alimentation variée et composée d'aliments sains. La variété compense en grande partie le chagrin inévitable occasionné par la mise au rebut de certains aliments. Vous vous en rendrez sans doute compte : ces aliments vous manquent beaucoup moins que vous ne le redoutiez.

Les femmes minces s'étonnent quand elles apprennent combien leurs contemporains font des repas monotones. Or la lassitude gastronomique conduit presque inévitablement à une alimentation malsaine. Si vous n'accordez pas une place dans votre cuisine à l'improvisation et à l'expérimentation, vous sombrerez immanquablement dans la routine. Il s'agit d'un phénomène exactement identique à celui qui se produit au sein d'un couple quand on laisse l'étincelle du désir s'éteindre, et cela peut causer des effets tout aussi désastreux. Ne sous-estimez jamais les bénéfices à tirer de l'abandon d'un brin de confort au profit d'un peu d'imagination. Vous ne trouvez pas le courage d'aller au marché ? Vous manquez de temps pour cuisiner ? Détendez-vous : nul besoin de fortune ni de talent aux fourneaux pour jouir de l'univers des saveurs. Il suffit d'assimiler quelques trucs pour préparer des mets variés avec une étonnante facilité ; cela ne vous prendra pas plus de temps que les ennuyeuses recettes répétées semaine après semaine. Le chapitre suivant fournit quelques exemples, ainsi qu'un arsenal complet de produits et d'assaisonnements.

Considérez cette phase du programme comme une occasion de vous initier à des aliments nouveaux et à des saveurs inconnues. Achetez donc ce fromage qui vous intrigue depuis l'enfance, cette herbe aromatique jamais utilisée. Lancez-vous dans une recette à base de raie, de céleri-rave ou de panais... Offrez-vous un échantillon d'huîtres de variétés diverses : c'est l'une de mes distractions favorites. Bref, rien ne vaut la nouveauté !

Préférez la qualité à la quantité et choisissez plutôt des ingrédients de saison. En général, les meilleurs reviennent moins cher que de plus ordinaires, importés de l'autre bout du monde.

Dernier truc pour varier les plaisirs : comme on apprécie surtout les premières bouchées d'un plat, dégustez les denrées une par une, au moins au début du repas. Vous pourrez ainsi vous concentrer sur ce que vous mâchez. Une « bouchée mélangée » s'apprécie moins.

Préparatifs et rituels

On croit souvent que les femmes minces n'aiment pas manger ; au contraire, en général elles adorent faire leur marché et mitonner de bons petits plats. Elles aiment aussi parler cuisine. Nombre de cultures combattent cet amour naturel des bonnes choses. Ces femmes l'ont hérité de leur mère, parfois de leur père, mais si tel n'est pas votre cas, rien ne s'oppose à ce que vous fassiez seule votre éducation. Quand j'étais étudiante, l'ordonnance du Dr Miracle comportait l'obligation de faire deux ou trois fois par semaine mes courses dans l'un des meilleurs marchés de Paris, celui de la rue Cler, non loin de mon domicile. La marche à suivre, simplissime : acheter seulement le nécessaire pour les deux jours suivants (pas de charrette remplie à ras bord au supermarché). Je devais me borner à des recettes élémentaires impérativement concoctées par moi-même, afin de voir ce que je donnais à mon corps. Pendant cette phase de remise à zéro, préparer chez vous un déjeuner à emporter vous aidera beaucoup ; vous éviterez ainsi les écueils des mets préparés, en particulier industriels : avouez-le, procéder ainsi est plus facile que d'emporter sa balance de cuisine au bureau.

J'ai aussi pris l'habitude de faire de mon dîner un moment de plaisir. « Que vais-je manger ce soir ? » devait devenir pour moi une question palpitante appelant des réponses variées. Réfléchissez à ce que vous allez déguster et consacrez un peu de temps à la préparation de votre dîner. Admettez-le une fois pour toutes : les résultats visés méritent bien quelques efforts et cogitations, du moins au début, car cela deviendra rapidement un automatisme. Faire mon marché et cuisiner constituaient pour moi des activités nouvelles ; je n'avais en effet pas retenu grand-chose des us et coutumes en vigueur au sein de ma famille de cordons-bleus. Le Dr Miracle me promit cependant que cette expérience serait amusante. Par bonheur, les cours universitaires ne commençaient pas trop tôt le matin !

Boire de l'eau

Tout le monde s'accorde sur ce point : il faut boire de l'eau et rares sont les personnes qui en absorbent assez au quotidien. Évidemment, s'entendre enjoindre d'avaler huit grands verres d'eau par jour est une perspective peu réjouissante, voire carrément affligeante. Et même si maintes femmes se promènent aujourd'hui avec leur petite bouteille sous le bras, je me demande combien d'entre elles boivent suffisamment ; en revanche, boire un peu trop d'eau ne peut pas vous faire de mal ! Si la perspective d'engloutir huit verres d'eau par jour vous paraît ardue, commencez la journée par un grand verre d'eau au lever. On en a rarement conscience, mais, au réveil, on est souvent déshydraté ; voilà pourquoi on apprécie tant ce grand verre de jus de fruit désormais déconseillé... L'eau rafraîchit et remet d'aplomb, surtout après une mauvaise nuit. Buvez également un dernier verre d'eau juste avant de vous coucher. La déshydratation compte parmi les facteurs d'un sommeil agité. Si décidément vous n'aimez pas l'eau, essayez de la boire additionnée d'une rondelle de citron.

Des repas rituels

Nous consacrerons ultérieurement un chapitre entier à ce sujet. Pour l'heure, je me contenterai d'énumérer un certain nombre de tactiques de survie : ne mangez qu'à table ; mangez assise ; ne mangez jamais un aliment dans son emballage ; utilisez de véritables assiettes et de jolies serviettes, afin de souligner le sérieux que vous accordez aux repas ; mangez lentement et mâchez bien ; ne prenez pas vos repas devant la télévision ou en lisant le journal ; concentrez-vous sur ce que vous mangez, sur les odeurs qui chatouillent vos narines et les saveurs qu'apporte chaque bouchée ; apprenez à reposer vos couverts toutes les deux ou trois bouchées pour vous décrire à vous-même les goûts et les textures que vous dégustez. Et si l'on se moque de votre lenteur, ignorez les railleries : rira bien qui rira le dernier...

Contrôle des portions

Voilà un élément crucial. La progression exponentielle des portions servies compte parmi les principaux coupables de l'épidémie d'obésité qui a déferlé sur les États-Unis et menace désormais tout le monde occidental. Apprenez à réduire les parts peu à peu, surtout si votre problème réside plus dans les quantités absorbées que dans la composition des menus. Un exemple : le saumon est un aliment tout à fait sain et bon pour vous, mais si vous en dévorez une livre pour vous sentir rassasiée, méfiance... Gardez votre balance à portée de main et diminuez vos portions de 50 grammes, puis de 50 autres jusqu'à revenir à 120-170 grammes. Cette tactique met en évidence la bêtise insondable des régimes hyperprotéinés, qui vous autorisent à vous bourrer de bacon à condition qu'aucune miette de pain ne franchisse vos lèvres. Absurde ! En règle générale, manger plus de 250 grammes de n'importe quel aliment au cours d'un même repas, c'est en manger trop. Si vous suivez cette méthode, vous ne remarquerez même pas que vous réduisez vos portions. Votre satisfaction ne s'atténuera pas, mais votre corps, lui, s'affinera.

Bannissez les coupables

Il est des aliments que nous grignotons automatiquement dès qu'ils sont à portée de main. Si vous n'êtes pas capable de vous contenter d'une petite poignée de noix, n'en conservez pas chez vous. Après tout, on ne ressort pas de chez soi spécialement pour acheter un sachet de cacahuètes ou de noix de cajou ! Vous pouvez aussi appliquer le principe, décrit ci-dessus, de réduction progressive des portions. Si votre première poignée se compose de six noix, considérez cela comme un plafond à ne pas dépasser. La prochaine fois, essayez de vous contenter de trois noix dans la journée.

Substitution et calmants

Conscient que mon principal problème résidait dans les sucreries, le Dr Miracle me donna une recette afin de satisfaire mon goût pour le sucre au prix du minimum de calories. Comme pour tous les grands conseils de ce praticien émérite, j'utilise encore la recette suivante.

TARTE AUX POMMES SANS PÂTE

Pour 4 personnes

Cette recette est moins sucrée, donc moins calorique, mais plus nutritive, que celles que l'on trouve dans les pâtisseries, les boulangeries ou les supermarchés. Recettes maison contre mets préparés : un univers de différence ! Lorsque vous faites vos courses, apprenez à regarder les étiquettes et tâchez d'éviter les aliments contenant des ingrédients dont la dénomination évoque des armes chimiques...

INGRÉDIENTS

4 pommes (variété Golden Delicious) de taille moyenne
2 cuillerées à soupe de jus de citron
4 feuilles de chou
1 cuillerée à soupe de sucre
1/4 de cuillerée à café de cannelle
2 noix de beurre

1. Épluchez les pommes, coupez-les en quatre et débarrassez-les de leur trognon. Divisez chacun des quartiers en trois lamelles et arrosez le tout de jus de citron. Disposez les tranches de pommes dans les feuilles de chou comme sur des tartelettes.
2. Préchauffez le four à 135 °C. Mélangez le sucre et la cannelle puis saupoudrez-en les pommes. Réservez un peu de ce mélange. Disposez une noisette de beurre sur les tartelettes et recouvrez le tout avec le reste du mélange sucre-cannelle. Placez les tartes dans le four préchauffé et laissez-les cuire 15 minutes. Servez-les chaudes ou à température ambiante.

Les feuilles de chou servent de moule. Vous pouvez les manger, mais ce n'est pas indispensable. Et pour répondre par avance à votre question, oui, au terme de ces trois mois, vous pourrez retrouver le plaisir d'une petite part de vraie tarte sur pâte brisée !

L'humilité constitue souvent notre meilleur atout. Le Dr Miracle me suggéra d'éviter dans un premier temps les fauteurs de troubles, comme on conseille aux enfants de s'écarter de toute bagarre. D'après lui, j'aurais été bien inspirée de partir à la fac sans argent ou avec une somme tout juste suffisante pour l'achat d'un ticket de métro ou d'un café. Éviter les pâtisseries impliquait également pour moi un changement de trajet. Si vous allez à pied au bureau, évitez d'emprunter toujours le même chemin ; varier les plaisirs est essentiel dans le domaine de la nutrition comme dans tous les autres. Le Dr Miracle, connaissant bien Paris, m'interrogeait sur les monuments, les squares ou les immeubles où d'illustres personnages avaient vécu. Je pris l'habitude de systématiquement jeter un coup d'œil derrière les portes cochères des hôtels particuliers bordant les rues que je suivais pour me rendre en cours. Ainsi, je suis tombée amoureuse de la Ville Lumière.

Si vos propres « ennemis » ne rôdent pas dans les rues ou si votre trajet habituel manque de charme, tâchez de stimuler vos autres sens. En fait, ce qui m'attirait vers les pâtisseries, c'étaient les délicieuses odeurs qui s'en échappaient. Acheter des fleurs embaumantes devint donc pour moi un moyen de défense en plus d'un plaisir. Dès que j'approchais d'une pâtisserie, je plongeais mon nez dans mon bouquet. L'odorat représentant cinquante pour cent du goût, il est difficile d'avoir envie de douceurs dont on ne perçoit pas le parfum. Un sachet de lavande fera tout autant merveille.

Bouger

Peut-être n'avez-vous pas l'occasion de marcher au quotidien, peut-être êtes-vous contrainte de prendre votre voiture pour effectuer la moindre course. Il n'en demeure pas moins que votre poids est la résultante directe de deux variables : ce que vous absorbez et ce que vous brûlez. Le Dr Miracle n'ignorait pas que, à l'instar de la majorité des Françaises, je n'aimais guère le sport, mais il m'expliqua que cela ne me dispensait pas de me remuer. Marcher vingt minutes de mon domicile à la fac constituait pour moi un exercice idéal. Si vous habitez trop loin de l'université ou du bureau pour vous y rendre à pied, essayez de n'effectuer qu'une partie du trajet dans les transports en commun. Vous pouvez aussi prévoir un petit tour du quartier d'une demi-heure, pendant votre pause déjeuner ou après le dîner. Outre la dépense calorique inhérente à cet effort, cela vous donnera l'occasion de méditer et de vous vider la tête, ce qui vous rendra moins vulnérable aux fringales d'origine émotionnelle. La clé du succès réside dans une activité physique qu'on intensifiera progressivement. Si vous utilisez d'ordinaire l'ascenseur, prenez l'escalier. En l'espace d'une semaine vous accroîtrez votre dépense calorique de façon significative, sans réel effort apparent.

« N'ayez jamais faim »

Voilà l'un des préceptes les plus sages du Dr Miracle. Il revêt une importance toute particulière dans les premières semaines de rééducation de votre organisme, pendant son adaptation à un nouvel ordre des choses. La faim est une sensation accaparante et tout aussi déplaisante que celle laissée par un repas trop copieux. Il ne vous viendrait pas à l'idée d'omettre de faire le plein d'essence quand votre réservoir se vide : ne sautez pas non plus de repas... sinon vous tomberez en panne. Nous ne cherchons pas à contrecarrer les lois de la physique. Si vous nourrissez votre corps de manière raisonnable et à des heures régulières, vous courrez moins le risque de le voir se révolter par une fringale dévorante. Vous devez suivre ce précepte à la lettre tant qu'il ne sera pas devenu chez vous un réflexe. Cela implique d'apprendre à gérer sa faim. Le Dr Miracle m'apprit à user de yaourts – les vrais, ceux qui renferment des bactéries vivantes si précieuses pour notre santé. Si vous n'en trouvez pas à proximité de chez vous, je vous donnerai une recette toute simple pour en faire vous-même (voir p. 177). Le Dr Miracle me recommanda d'en prendre chaque jour deux portions pendant cette phase de remise à zéro. À moi de décider quand je les mangerais : au petit déjeuner, en dessert ou en guise d'en-cas. Au début, j'ajoutais un peu de miel ou de germe de blé pour rendre mes yaourts moins austères, mais la saveur crémeuse et acide d'un vrai yaourt nature finit par me contenter. En manger un aux heures où je me savais menacée par un accès de faim m'apaisait à merveille.

En-cas

Je devais aussi me prémunir contre d'éventuelles urgences alimentaires en dehors de mes pénates, autrement dit prévoir des en-cas. Le conseil du Dr Miracle : toujours conserver dans ma poche un en-cas sain. C'est pratique et cela produit un effet psychologique ultrabénéfique : l'idée qu'on *pourrait manger* apaise les fringales et muselle nos petits démons. Et les jours où je dégustais mon en-cas, je me préparais mentalement à avoir moins d'appétit au dîner. Il s'agissait de compenser. Aujourd'hui encore, j'ai en permanence dans mon sac un petit en-cas – un sachet de graines de soja – bien utile si mon vol est retardé. Choisissez un aliment sain et à votre goût.

Les récompenses du week-end

Le Dr Miracle comprenait fort bien les tentations qui assaillent chaque jour notre fragile volonté. Les privations engendrent l'échec et tout protocole nutritionnel interprété par votre esprit comme une punition suscite inévitablement un élan de rébellion. Que votre péché mignon soit un verre de vin au dîner ou un croissant le matin, vous ne pourrez pas vous en priver pendant de longues périodes et espérer que votre corps ne criera pas vengeance. De ce fait, même dans cette phase de rééducation, votre corps a besoin d'une journée de repos. Il ne s'agit évidemment pas de profiter de cette relâche pour sauter sur tout ce que vous avez pu vous retenir d'ingurgiter pendant la semaine. Vous allez seulement vous accorder un répit, durant lequel vous vous autoriserez vos mets favoris en quantité raisonnable. Les grands pontes de la nutrition affirment volontiers qu'il ne faut pas s'accorder de récompenses alimentaires ; moi, je pense le contraire, à condition qu'il s'agisse de véritables aliments-récompenses (pas des « cochonneries », mais des ingrédients de qualité et pleinement savourés).

Le Dr Miracle me recommanda de relâcher mes efforts le samedi et de me remettre en selle le dimanche afin d'entamer la semaine sur de bonnes bases. Cela me convenait parfaitement. Quand j'étais étudiante, des amis très aisés me conviaient régulièrement à dîner chez eux. Luxe rare, ces gens employaient une cuisinière à plein temps dont les recettes mettaient mes nouveaux préceptes à rude épreuve (vous comprendrez que je n'aie jamais perdu ces amis de vue !). La réponse du Dr Miracle : « Mais, Mireille, fais preuve d'intelligence ! » Si, par exemple, je ne pouvais pas résister à une coupe de champagne en apéritif et au dessert, je devais me dispenser de pain. L'art de faire des choix en fonction de vos desiderata constitue l'essence de la minceur.

Pendant cette première phase de régime, la perspective des vacances de Pâques chez mes parents m'angoissait terriblement, en particulier l'épreuve du traditionnel déjeuner pascal. Je le savais, mes proches se montreraient moins discrets que mes amis parisiens. J'étais sur le bon chemin, ayant déjà perdu quatre kilos, et je ne voulais pour rien au monde attirer l'attention sur moi ou mes nouvelles habitudes alimentaires. Le Dr Miracle prophétisa fort justement que nul ne remarquerait rien si je faisais presque l'impasse sur le pain et me servais quelques frites tout en faisant honneur au foie gras et au dessert. « Tu compenseras en faisant plus attention le lendemain », conclut-il sans s'émouvoir. Il me disait en substance de gérer mes plaisirs comme mes restrictions.

Je me posais néanmoins encore maintes questions sur l'avenir à long terme de ma silhouette. Comment ferais-je pour museler mes démons personnels ? Quand pourrais-je réintroduire les « coupables » dans mes menus de la semaine sans courir à la catastrophe ? Car même si je ne me privais pas beaucoup, le bon docteur m'avait promis une vie de plaisirs gustatifs. N'oublions pas que j'appartiens à la génération de Mai 68, celle qui s'était donné pour slogan : « Il est interdit d'interdire » !

La réponse se cachait derrière les mots « petit » et « peu » : « Vous pouvez manger de tout, un petit peu », pouvait-on résumer. Quoique fière de mon amincissement, je commençais à éprouver des frustrations, aussi le Dr Miracle accepta-t-il un petit ajustement : désormais je pourrais, deux fois par semaine, déguster le carré de chocolat noir servi avec mon café de midi (je déjeunais en général dans un troquet du Quartier latin avec une amie elle aussi réfractaire aux menus peu appétissants du restaurant universitaire). Je pouvais choisir ces jours fastes, mais ils devaient se limiter à deux par semaine. Apprendre à choisir ses instants de plaisir... J'avais besoin de chocolat après une interrogation impromptue, ou après un exposé devant toute la classe. Cet ajustement insignifiant représentait pour moi une formidable stimulation psychologique. Ce fut aussi mon premier aperçu des vertus d'un réglage au millimètre près. Des petits changements réguliers font à terme une énorme différence.

Le test de la fermeture Éclair

À Pâques, mes compteurs personnels étaient entièrement réinitialisés. Une bonne partie de mes nouvelles habitudes me paraissaient toutes naturelles. Même avec le recul, je ne perçois pas cette période comme une triste phase de privations. Mais qu'avais-je accompli ? Que pouvais-je espérer accomplir ? J'avais perdu environ six kilos, la moitié de mon excédent pondéral. Je précise à cet égard que je ne me pesais pas chaque jour pour suivre mes progrès. D'ailleurs, la balance peut se révéler fort démoralisante : une femme s'alourdit à certaines périodes du mois pour cause de rétention d'eau et son poids peut varier pour diverses autres raisons (l'heure, par exemple) sans rapport avec l'équilibre alimentaire. Je vérifiais donc de temps à autre l'envol de mes kilos, mais le reste du temps je me fiais à mes vêtements. Me paraissaient-ils moins serrés ? Tombaient-ils mieux ? Et cela me suffisait pour voir ma silhouette se redessiner. Quand la balance m'annonça que j'avais perdu six kilos, elle ne fit que confirmer l'image renvoyée dans le miroir. Aujourd'hui encore, je considère qu'un pantalon près du corps constitue le meilleur indicateur de perte de poids, le plus simple… et le plus sexy. Recourez donc vous aussi au fameux « test de la fermeture Éclair » ou utilisez un mètre ruban.

Comme précédemment expliqué, le poids d'équilibre dépend d'une foule de facteurs individuels – âge, morphologie et même, pour certaines, saison. En outre, les améliorations s'apprécient de façon relative et non dans l'absolu. Au terme de trois mois de « remise à zéro », vous aurez une idée assez précise du chemin parcouru et de celui qu'il vous reste à parcourir. Si vous pensez être à mi-chemin de votre objectif ultime, vous avez réussi votre rééducation. Sinon, évaluez à quel point vous vous situez et prolongez cette phase de quelques semaines. Gardez-vous toutefois des aspirations irréalistes : nous ne pouvons pas toutes posséder une silhouette de mannequin… Vous pouvez également durcir votre position en réduisant votre consommation de quelques « ennemis » supplémentaires (cela vous semblera plus facile à présent, car vous aurez pris l'habitude de contrôler votre alimentation) ou en ajoutant dix minutes de marche à votre activité quotidienne. Rappelez-vous : les ajustements progressifs sont la voie vers l'équilibre.

Pour tirer pleinement profit de cette hygiène de vie nouvelle, vous devrez en outre apprendre à privilégier la qualité par rapport à la quantité. Dans les prochains chapitres, nous nous pencherons sur l'art d'améliorer la qualité des menus dans le cadre de la stabilisation de votre poids, phase au cours de laquelle – étonnant, mais vrai ! – vous remangerez plus tout en continuant à mincir. Considérons auparavant quelques exemples de remise à zéro puisés dans mon entourage américain.

4

LE CONTE DES « TROIS C »

Reprenons quelques principes de base de réinitialisation.

- Considérez votre bilan des trois dernières semaines ; identifiez les « coupables » et diminuez-en l'apport autant que possible. Supprimez tous ceux dont vous pouvez vous passer sans souffrance intolérable. Pour les autres, vous procéderez petit à petit.
- Mangez à des heures régulières.
- Considérez vos portions habituelles d'aliments « non coupables » : réduisez-les elles aussi graduellement.
- Apprenez à faire vos courses au marché et non plus au supermarché. Faites vos emplettes plusieurs fois par semaine, mais jamais à un moment où vous avez faim ; achetez seulement ce dont vous avez besoin.
- Diversifiez votre alimentation en tenant compte des produits de saison. Augmentez votre apport en fruits et légumes frais.

- Découvrez de nouvelles denrées ou saveurs.
- Préparez vous-même vos repas. Bannissez de votre table les plats tout préparés, en particulier ceux contenant des ingrédients artificiels.
- Prenez un vrai petit déjeuner.
- Mangez lentement et en position assise. Mastiquez bien, même si cela vous semble un peu ridicule au début.
- Ajoutez à votre alimentation deux portions quotidiennes de yaourt nature ou fait maison – en guise de dessert ou d'en-cas, ou au petit déjeuner.
- Buvez au moins deux verres d'eau supplémentaires chaque jour et dès que l'occasion s'en présente.
- Trouvez une activité physique peu contraignante mais régulière : marchez un peu chaque jour ou empruntez les escaliers. Si vous fréquentez un club de gym, vous faites déjà sûrement assez de sport en salle : choisissez alors une activité qui se pratique en tenue de ville, pour changer.
- Ne conservez pas d'aliments « dangereux » dans vos placards.
- Dressez une liste de denrées « apaisantes » pour les substituer aux précédentes.
- Emportez un en-cas pour parer aux aléas de votre quotidien.
- Prévoyez des récompenses à déguster le week-end.

Comme je l'ai déjà expliqué, il ne s'agit pas d'un programme radical. Il peut cependant vous paraître encore un peu abstrait : passons donc à quelques applications concrètes. Pour ce faire, permettez-moi de vous présenter mes bonnes amies, les trois « C ».

Camille

Camille, trente-cinq ans, avait toujours eu des problèmes de poids. Elle n'était pas obèse, mais sur son mètre cinquante-cinq ses douze kilos excédentaires se voyaient sans conteste. Elle était et se sentait boulotte. Après avoir essayé tous les régimes possibles, elle avait fini par décréter que son problème était génétique : dans sa famille, on était gros, point final. Voilà pourquoi Camille pensait que ses tentatives d'amincissement étaient vouées à l'échec.

Elle rejoignit l'équipe Clicquot à l'occasion du rachat de sa société par le groupe ; j'appréciai d'emblée sa compétence et son expérience. Mais le monde du travail peut se montrer brutal et injuste, a fortiori l'univers des articles de luxe, où l'image joue un rôle essentiel. De toute façon, qu'importe la branche d'activité, l'apparence est plus importante pour les femmes que pour le sexe opposé. Le travail de Camille impliquait des déplacements réguliers à travers les États-Unis, ainsi que bon nombre de dîners avec des clients. Quand arriva le moment de troquer ses épais vêtements d'hiver pour des tenues plus légères, je sentis l'angoisse la gagner : je compris qu'elle appréhendait ses prochains voyages et réceptions. Comme nous nous entendions bien, elle me confia ses problèmes de corpulence lors d'une discussion amicale. Je lui narrai alors mes mésaventures d'adolescence et lui expliquai comment quelques petits changements avaient tout arrangé. Camille décida aussitôt de noter tout ce qu'elle mangerait au cours des trois prochaines semaines.

Je ne recommande pas de se livrer à des conclusions hâtives, mais en un seul coup d'œil sur le journal tenu par ma collaboratrice, j'identifiai d'évidents fauteurs de troubles. Le soir, Camille avait soif, qu'elle se trouve chez elle ou ailleurs. Elle avalait alors une bière, aux alentours de 23 heures. Boire de la bière aussi tard me semblait étrange, surtout de la part d'une femme buvant du vin à table, au restaurant. Se pouvait-il que Camille fût alcoolique ? Non : on ne décelait chez elle nul indice d'un tel trouble. Quand je lui demandai depuis combien de temps elle s'offrait ce petit plaisir nocturne, elle me répondit que cette habitude remontait à l'université. À la réflexion, Camille admit que cet acte ne relevait pas tant du plaisir que de l'automatisme. Comme je commence toujours par la solution la plus simple, je l'interrogeai : pourquoi, si elle avait soif, n'avalait-elle pas un verre d'eau avant de se coucher ? Cette mesure élémentaire devait lui faire perdre entre trois et cinq kilos en quelques mois... Si Camille ne tenait pas absolument à sa bière vespérale, elle aspirait néanmoins à se verser quelque chose d'un peu plus festif qu'un verre d'eau. Mais quoi ? À ma grande surprise, Camille découvrit les tisanes, avec une prédilection pour la verveine et la menthe, dotées d'un léger effet sédatif comparable à celui de la bière. Elle en essayait chaque fois de nouvelles, au point de devenir une experte. Il lui fallut plus longtemps pour apprendre à s'hydrater correctement le jour, afin de limiter la soif nocturne. Je lui suggérai, au début, de se contenter d'avaler un petit gobelet d'eau à chacun de ses passages devant le distributeur.

Un autre de ses problèmes résultait de son travail. Elle était incapable de refuser les repas servis dans les avions – si tant est que l'on puisse qualifier de « nourriture » le contenu de ces plateaux –, alors même qu'un déjeuner ou un dîner d'affaires l'attendait à l'arrivée ! Il suffit à Camille de prendre conscience de cette manie pour s'en défaire : après tout, on ne lui demandait pas de renoncer à des festins gastronomiques. Mangeait-t-elle donc par ennui ? Pour passer le temps ? Je lui conseillai de prendre un petit sandwich avant l'embarquement et d'emporter avec elle une bouteille de tisane glacée, préparée la veille du départ. Évidemment, le vol paraît moins long si l'on sirote un breuvage en écoutant ses propres CD et non plus les programmes musicaux diffusés par les écouteurs. Pour la première fois de sa vie, Camille parvint même à s'endormir dans l'avion. J'utilise moi aussi ce truc pour mes voyages, à un détail près : je bois de l'eau, beaucoup d'eau, afin de contrecarrer la sécheresse ambiante.

Le troisième problème de ma collaboratrice devait se révéler plus délicat à gérer : environ deux fois par semaine, surtout le week-end, elle dînait d'une énorme portion de pâtes, arguant de la simplicité de leur préparation. J'entendais la voix de l'inexpérience... Il existait d'autres moyens d'enrayer le blues du dimanche soir. Une solution radicale s'imposait : pas de pâtes à la maison jusqu'à une date indéterminée. Cela supposait de trouver des substituts aussi faciles à cuisiner. Comme nous étions au printemps, les marchés en plein air abondaient. J'enseignai à Camille quelques recettes rapides et délicieuses à base de betteraves, de fenouil, de brocolis et de carottes, relevés de fines herbes et de jus de citron. Les saveurs des légumes frais de saison subjuguèrent la jeune femme. Quiconque a déjà dégusté une tomate encore chaude, fraîchement cueillie, avec un peu de sel, un filet d'huile d'olive et une pincée de persil ou de basilic haché saura de quoi je parle. En progressant à son rythme et en fonction de ses propres goûts, elle n'eut aucune peine à accroître sa consommation de fruits et de légumes frais. Grâce à une recette toute simple de poisson (voir p. 126) – en bonne novice, elle n'avait jamais tenté d'en cuisiner –, elle put déguster chez elle des mets dignes d'un grand restaurant. Elle consacra vingt minutes à la marche, en rentrant du bureau en fin de journée car elle n'était pas « du matin ». Jusque-là, elle prenait le métro avec un changement : désormais, elle descendait après le premier tronçon et terminait son trajet à pied.

Au bout de trois mois, elle avait perdu cinq kilos. Sur une silhouette menue comme la sienne, la différence était flagrante. Appréciant les bouleversements introduits dans son existence, elle ne courait aucun risque de les reprendre rapidement. Mieux : elle était impatiente de découvrir de nouveaux trucs pour perdre en douceur les kilos restants. Je remarquai qu'elle avait investi dans une nouvelle garde-robe ; de plus, elle affichait une confiance inédite, et un visage plus heureux. Je ne fus pas la seule à m'apercevoir de cette transformation.

Caroline

Caroline est plus âgée. Je fis sa connaissance lors d'un séminaire destiné à des femmes dirigeantes d'entreprise. Longtemps, elle n'avait pris pour petit déjeuner qu'une ou deux cigarettes accompagnées d'un café très sucré. Cela ressemblait, une fois encore, à une habitude d'étudiante... Depuis que Caroline avait cessé de fumer, elle mourait de faim le matin. Elle avait pris environ cinq kilos en un an et semblait prête à les considérer comme la conséquence inévitable de l'abandon du tabac. Son petit déjeuner de non-fumeuse ne représentait guère d'améliorations par rapport au précédent : un verre de jus d'orange – soit une dose de sucre –, deux tasses de café chacune agrémentée d'au moins deux cuillerées de sucre et des biscuits, sucrés eux aussi... Un menu à la fois trop sucré et ennuyeux. Son journal alimentaire révélait en outre une étonnante prédilection pour les plats en sauce.

Pour le reste, son comportement alimentaire n'était pas déplorable, même si, comme nombre de nos contemporains, elle mangeait trop peu de légumes et de fruits, et ne buvait pas assez d'eau. Son principal « ennemi » était le sucre sous toutes ses formes. Caroline ne pouvait se passer de dessert – une faiblesse que je peux comprendre. Elle adorait aussi le fromage et, contrairement à la plupart de ses compatriotes, appréciait des variétés à la saveur prononcée. Seulement, elle n'avait pas idée de ce que représentait une portion convenable. Grâce à une petite balance, elle apprit à n'en manger que 100 grammes au lieu de 250 !

La convaincre de modifier son petit déjeuner ne fut pas facile. Certains d'entre nous n'imaginent tout simplement pas d'aborder la journée sans café et détestent en outre le café sans sucre. Bien souvent, cela résulte de la consommation de mauvais café instantané, lyophilisé ou réchauffé. Il est plus rare d'éprouver le besoin d'ajouter du sucre à une tasse de café fraîchement moulu, même si la désintoxication peut prendre du temps. L'acquisition d'un petit moulin bon marché permet de se préparer un bon café en deux temps trois mouvements. Peu à peu, Caroline sucra moins, jusqu'à se limiter à une demi-cuillerée par tasse au terme de trois semaines. Elle supprima progressivement son jus d'orange, par tiers également sur trois semaines, le remplaçant par un fruit mangé plus tard dans la journée. Les biscuits furent abandonnés au profit d'une tranche de pain complet avec un petit peu de beurre. Oui, un peu de beurre ! Pour rendre le premier repas de la journée plus consistant et tenir jusqu'à midi, elle ajouta du yaourt, qu'elle consommait au début, sur mes conseils, agrémenté d'un filet de miel d'acacia ; toutefois elle passa rapidement au yaourt pur. Elle ne considérait plus le petit déjeuner comme un simple apport en glucides pour démarrer la journée, mais comme un repas à part entière, et agréable, qui améliorait son humeur.

Au restaurant, le problème des desserts se posait. Comme beaucoup de New-Yorkais sans enfants, Caroline et son mari prenaient la plupart de leurs repas hors de chez eux dans des endroits où le menu recelait toujours une tentation sucrée. Par chance, nous étions en été : opter pour des fruits rouges, du melon ou des figues ne lui fut donc pas trop pénible, surtout lorsque ces fruits étaient accompagnés de yaourt, comme dans son bistrot grec favori. Mais quand un gâteau lui mettait l'eau à la bouche, Caroline n'aurait plus à se faire violence : elle le commanderait et en savourerait lentement une ou deux bouchées avant de donner le reste à son mari ou aux amis qui partageaient leur repas.

Le goût de Caroline pour les plats en sauce me paraissait plus difficile à comprendre. Un vieil ami parisien me fournit une explication plausible : le tabac endommageant les muqueuses olfactives, celles-ci mettent très longtemps à se régénérer chez un fumeur « repenti ». Les arômes se dissolvant mieux dans les corps gras, les papilles faiblardes les percevaient mieux dans les préparations en sauce ; de ce fait, les anciens fumeurs jugent ces recettes plus attrayantes. Quand je lui exposai cette théorie, Caroline opina et résolut de réduire progressivement sa consommation de fromages forts et d'employer en cuisine des épices identifiables par ses sens émoussés : piment, curry, curcuma... À la longue, son palais et son nez se rééduqueraient.

Caroline prit également l'habitude d'emprunter l'escalier de son immeuble (elle habitait au sixième étage) et de s'offrir des promenades à pied de vingt minutes trois fois par semaine. L'adoption de cette hygiène de vie « à la française » ne lui posa aucun problème. En dix semaines, elle perdit cinq kilos : loin d'avoir le sentiment de se priver, elle avait l'impression de se montrer plus accommodante envers elle-même que par le passé. Les changements entrepris par Caroline évoquent-ils pour vous des privations ?

Connie

Le cas de Connie était un peu plus compliqué. Âgée d'une vingtaine d'années, elle n'avait pas vraiment conscience de ce qu'elle mangeait. Elle avait grandi dans une banlieue du Middle West où l'on remplissait le réfrigérateur, les placards et surtout le congélateur deux fois par mois. La nourriture était un achat parmi d'autres, au même titre que le papier hygiénique et le savon. Une fois installée seule, Connie resta fidèle aux surgelés. Dans sa famille, on ne cuisinait que le dimanche, jour consacré à l'unique repas pris en commun. Pendant la semaine, chacun se nourrissait en fonction de son emploi du temps (les parents de Connie sont tous deux avocats). La mère de Connie alternait quelques recettes et la jeune femme préparait ces plats évoquant son foyer quand elle recevait des amis dans son studio. Pour le reste, elle affichait sans honte sa passion pour les hamburgers, les pizzas, le cheddar ou les lasagnes. Elle conservait à portée de main des cookies industriels et des glaces, mais jamais de légumes ni de fruits. Pour se désaltérer, elle recourait aux sodas, aux sodas et encore aux sodas. Son réfrigérateur regorgeait de bouteilles géantes en version ordinaire ou light. En somme, quand elle n'ingérait pas du sucre, elle buvait des breuvages chimiques. Pas de quoi pavoiser...

Lorsque j'ai fait sa connaissance, elle venait de décrocher son premier emploi à New York, et pour la première fois de sa vie, elle essayait de perdre du poids – sept bons kilos. Curieusement, ses kilos lui pesaient moins dans ses vêtements décontractés d'étudiante qu'en tailleur. De ce fait, elle ne se sentait jamais élégante. Quand je l'invitai à déjeuner, elle me considéra d'un œil ébahi comme je mangeais tout en dégustant une coupe de Veuve Clicquot. Au moment du café, elle me demanda gentiment si elle pouvait me poser une question personnelle. Devinant ce qui allait suivre, je l'encourageai à s'épancher. Comme beaucoup de jeunes femmes, elle avait entrepris sans succès quantité de régimes jockey. Au cours du dernier, qui bannissait presque entièrement les glucides, elle s'était gavée d'œufs, de bacon et de fromage, qu'elle adorait. Elle finissait toujours par abandonner ; le seul effet durable fut donc d'accroître son appétit pour les aliments autorisés. Elle avait aussi essayé, en vain, de brûler des calories en pratiquant le sport à outrance. Une amie lui avait assuré que si elle s'astreignait à une heure d'exercice quotidien en salle, sur une machine quelconque, elle pourrait manger tout ce qu'elle voulait. Connie venait donc de casser sa tirelire pour s'offrir un abonnement de trois mois dans une salle de gym. Cela me fascinera toujours : les gens sont prêts à passer des heures sur un Stairmaster, mais rechignent à apporter quelques petits changements relativement indolores à leur hygiène de vie. Connie avait effectivement perdu un ou deux kilos, mais ce programme sportif relevait du bagne et elle ne tarda pas à y renoncer, et à reprendre les kilos perdus.

Je lui suggérai de continuer à aller à la gym, histoire de rentabiliser son abonnement, mais de faire preuve de modération : une demi-heure d'aérobic trois fois par semaine, pas plus, et en variant les exercices. Il lui faudrait aussi modifier ses habitudes alimentaires – illico ! Comme nous étions en plein hiver, le potage magique aux poireaux constituait une excellente méthode de démarrage. Cette étape risquait de se révéler rude, mais j'estimais qu'un départ rapide serait excellent pour son moral. Le lundi suivant, elle avait atteint le même résultat qu'avec deux semaines de sport intensif : elle avait perdu un kilo – certes essentiellement de l'eau, mais un kilo tout de même. Elle en fut stimulée. Cependant, une chose bien plus étonnante se produisit : Connie découvrit un nouveau plaisir. « Je ne savais pas que les poireaux étaient aussi délicieux, s'émerveillait-elle. J'adore ce légume ! » Même moi, j'en fus étonnée. En fait, bien après son premier week-end de diète à la française, Connie s'offrait volontiers un déjeuner poireaux.

La jeune femme vécut les trois premiers mois sans effort. Le type de cuisine que je lui fis découvrir constituait pour elle une nouveauté agréable. L'hiver est une saison idéale pour les recettes roboratives, et elle appréciait tout particulièrement ma préparation de poulet au champagne. Les fruits et les légumes de saison lui convenaient eux aussi tout à fait :

elle raffolait des poires pochées et n'arrivait pas à croire qu'un dessert pauvre en matières grasses et réalisé en huit à dix minutes se révèle aussi succulent. (Il faut simplement disposer les poires dans une casserole d'eau bouillante additionnée de vin rouge et d'une pincée de cannelle et de sucre, puis laisser refroidir ; vous trouverez la recette complète page 141.) Elle en servit même à des amis, qui se dirent conquis. Comme son alimentation « d'avant » était aussi fade et calorique que possible, les efforts de Connie portèrent rapidement leurs fruits. Respectueuse des règles de base inculquées par mes soins, elle veillait à ne jamais avoir faim. Pour une satisfaction maximale, nous mîmes au point des en-cas nutritifs et savoureux : une poignée de noix ou des dés de fromage. Côté cuisine, elle utilisait beaucoup moins de matières grasses et découvrait des saveurs peu familières comme l'anis, l'huile de noisette en lieu et place de l'huile d'olive pour assaisonner son mesclun, etc. Du coup, les hamburgers et la pizza ne lui manquaient même pas. Elle en mangeait encore une ou deux fois par semaine, si elle dînait dehors, mais à mesure qu'elle prenait conscience du vaste éventail de saveurs qui s'offrait à elle, ces plats lui semblèrent bien tristes et elle en commanda de moins en moins souvent. Très vite, contrôler ses portions devint chez elle un automatisme. Au bout d'un mois, les pizzas dégustées auparavant pour le déjeuner lui paraissaient trop grasses et lourdes à digérer. Son goût immodéré pour les sodas light n'était pas très sain mais ne posait pas un problème immédiat. Je la laissai donc se désintoxiquer petit à petit de ceux-ci pour les remplacer par du jus de fruit coupé d'eau gazeuse – il se révèle parfois plus sage d'ajouter quelques calories, si cela apporte un surcroît de qualité.

Connie a eu la chance de pouvoir se débarrasser très facilement des fauteurs de troubles et de les remplacer par des mets plus sains. Il est crucial de s'interroger sur ses besoins plutôt que de suivre aveuglément un régime préétabli. Chacun de nous possède des forces et des faiblesses, et un choix relativement facile pour l'une sera peut-être très ardu pour une autre, et vice-versa. Bien entendu, les saveurs qui chatouillent vos papilles risquent de laisser celles de votre voisin indifférentes. En somme, chacun ses goûts !

Connie appréciait tout particulièrement la présentation des plats. L'été précédent, elle avait travaillé pour un traiteur de luxe, dont les créations, servies à l'occasion de mariages ou autres réceptions, n'étaient pas seulement délicieuses, mais constituaient de véritables œuvres d'art. L'attention portée par ce traiteur aux détails séduisit Connie, qui découvrit qu'un menu n'est pas seulement un assemblage de plats, mais une succession harmonieuse de mets. L'ordre de leur présentation comme leur aspect dans notre assiette modifient du tout au tout la façon dont nous les percevons. Un carpaccio de thon artistement disposé se révélera beaucoup plus satisfaisant que quelques tranches jetées à la va-vite dans une assiette, comme de la pâtée pour chien. (Nous reviendrons sur les arts de la table dans le chapitre suivant.)

En trois semaines, Connie avait perdu deux kilos et se sentait pleine d'énergie. Son humeur aussi avait changé. Sur une silhouette féminine moyenne, deux kilos se voient et elle commençait à se sentir plus à l'aise dans ses vêtements. Elle voulut immédiatement acheter des tenues de taille inférieure, mais je l'en dissuadai : si j'en jugeais par ma propre expérience, elle ne tarderait pas à perdre encore une taille.

Au travail : le démarrage

Trois exemples ne suffisent certes pas à justifier le succès d'une technique, mais voici où je veux en venir : cette stratégie de perte de poids et de bien-être ne comporte pas de régime, uniquement des ingrédients. Comme en cuisine, le résultat dépendra de ceux que vous utiliserez et de ceux qui vous plaisent. Il existe évidemment quelques éléments applicables à tous les cas : un peu plus de marche à pied ou un peu plus d'eau, par exemple, mais pour le reste, cette approche est à cent pour cent individuelle et repose pour partie sur vos essais... et sur vos erreurs. La clé du succès consiste à écouter votre propre intuition quant aux aliments fauteurs de troubles et aux plaisirs gustatifs, puis à ajuster ceux-ci à votre convenance. En somme, c'est la victoire de la liberté individuelle sur la dictature des régimes « taille unique ». Voilà pourquoi on table sur trois mois pour se mettre en selle, mais je vous garantis que vous apprécierez ce parcours. Trois mois de régime jockey ont de quoi briser le moral de n'importe quelle femme ; trois mois de découverte et d'apprentissage des besoins de son corps reviennent à se dorloter et à s'assurer d'en récolter les bienfaits durant des années.

Nous ne jugerons pas notre succès à l'aune d'une obsession des calories, des glucides, de protides, des graisses, des lipides, du glucose ou de toute autre structure ou unité chimique. Nous ne sommes pas des chimistes chevronnées et nous n'avons aucune envie d'entendre parler de calculs scientifiques, encore moins de les appliquer au domaine sacré de la nourriture. Rappelez-vous à cet égard de ne vous peser qu'une fois de temps en temps et en aucun cas tous les jours. Utilisez vos yeux et vos mains pour évaluer vos progrès, ainsi que vos vêtements et votre miroir. En revanche, votre balance de cuisine vous apprendra à évaluer une portion de 150 grammes, qu'il s'agisse de poissons, de viandes ou de desserts, en particulier pour les gâteaux !

Retrouver votre poids d'équilibre, vous sentir bien dans votre peau, voilà un processus naturel et intuitif, un travail d'ajustement, de découverte et de modération.

J'ai le plaisir de vous signaler que, des années après notre rencontre, Connie affiche une silhouette de sylphide et pourrait poser pour *Vogue*. Caroline, elle, a conservé son équilibre pondéral : elle pèse peut-être un ou deux kilos de moins que nécessaire, mais elle est contente. Quant à Camille, je l'ai perdue de vue et je me demande souvent ce qu'il est advenu d'elle. De mes trois premières candidates, elle était la moins épanouie et la plus encline à considérer la nourriture comme une thérapie et l'hérédité comme une excuse. Mais si elle a conservé l'optimisme que je lui ai insufflé, elle est sans doute en pleine forme aujourd'hui.

À ce stade de votre lecture, vous devriez avoir emmagasiné suffisamment de trucs pour enclencher votre rééducation, mais j'en ai encore une grande quantité à votre disposition...

ENTRACTE : STABILISATION ET ALIMENTATION POUR LA VIE

« Manger bien et juste. »

MOLIÈRE

Ces trois premiers mois de rééducation devraient vous conduire à perdre au moins la moitié des kilos nécessaires pour que vous retrouviez votre poids d'équilibre – et même au-delà, si votre objectif est assez modeste. Encore une fois, surveillez votre corps, vos yeux, votre teint, votre état d'esprit et, avant tout, vos vêtements. Ces derniers vous diront où vous vous situez dans votre programme d'amincissement. Si vous touchez déjà au but, bravo ! Vous voilà prête à enclencher votre phase de stabilisation. Vous n'avez pas perdu la moitié du poids dont vous comptiez vous débarrasser ? Poursuivez la phase de rééducation aussi longtemps que nécessaire. Une couturière vous demandera toujours de vous soumettre à plusieurs essayages et, à chacun d'eux, les changements apportés aux vêtements se feront plus subtils. S'agissant de votre rééducation, demandez-vous dans quel domaine vous pourriez éventuellement « reprendre » votre alimentation, afin de poursuivre vos progrès. Conservez toutefois à l'esprit la règle d'or : « Fais-toi plaisir », et déduisez ce que vous pouvez supprimer *petit à petit*. Même si vos restrictions ont atteint un niveau que vous auriez jugé complètement irréaliste voici encore trois mois – par exemple, si vous ne mangez que deux tranches de pain par jour contre une demi-baguette auparavant – , vous pourriez obtenir le même degré de contentement avec un apport moindre (comme une seule tranche de pain). Seule l'expérimentation vous permettra de déterminer combien vous devez absorber de tel ou tel ingrédient pour vous sentir comblée.

Votre rééducation achevée, vous serez à même de recommencer à augmenter la part de vos aliments préférés. Vous êtes mûre pour la stabilisation. Là encore, cette phase est entièrement gouvernée par votre analyse personnelle du rapport plaisir-bienfaits. Peut-être vous sentez-vous gonflée de vertu parce que vous vous en êtes principalement tenue à des desserts « light » pendant trois mois, comme je l'ai fait sous la férule du Dr Miracle ; mais, maintenant, vous aimeriez savourer un peu plus régulièrement, et plus seulement le week-end, tout ce dont vous raffolez vraiment. Eh bien, vous avez gagné ce droit ! Au bout de trois mois, il paraît juste et conforme à notre principe de plaisir de vous accorder une récompense. Cela signifie-t-il nécessairement que vous allez cesser de perdre du poids ? Pas du tout. Si cela se produit, revenez simplement en arrière et réduisez à nouveau un petit peu vos portions ; vous pouvez même vous plier à un week-end de potage magique aux poireaux, si nécessaire, pour vous remettre dans le droit chemin. Mais si vous réintroduisez les aliments aussi prudemment que vous aviez limité leur place, vous pourrez sans peine continuer à mincir, tout en savourant un peu plus fréquemment les mets que vous appréciez le plus. « La meilleure façon de se débarrasser d'une tentation est d'y céder », disait Oscar Wilde. Dans une certaine mesure, c'est assez bien vu. Manger est un plaisir sensuel, si bien qu'après les trois premiers mois, il est naturel d'aspirer à un peu plus de piment et d'animation, à mesure que s'installe la routine « conjugale » avec sa nouvelle alimentation. Comment faire ? Prenez à l'un ce que vous donnerez à l'autre. En clair, quand vous vous accordez un petit plaisir, accroissez pour compenser votre vigilance dans un autre domaine : marchez une demi-heure de plus le lendemain, faites l'impasse sur l'apéritif ou refusez le pain. Comme vous avez conscience de ce qui vous procure les plus grandes délices, vous savez aussi quelles compensations fonctionnent le mieux pour vous. Préservez votre équilibre semaine par semaine. Cela ne relève pas de la magie : c'est juste une question de pratique. Le secret d'un amincissement durable consiste à veiller à ce que ces compensations restent plus importantes que les plaisirs qu'on s'octroie. Ce qui vous permettra d'augmenter votre impression de plaisir ; les compensations nécessaires vous sembleront vénielles en comparaison. Le résultat global est un sentiment de contentement, jamais de privation. Vous devez travailler en partenariat avec votre esprit pour garder votre poids d'équilibre et, tous les philosophes vous le diront, vous ne sauriez bénéficier d'un allié plus puissant.

Mais ne nous aventurons pas dans le domaine de l'abstrait : penchons-nous concrètement sur les secrets d'une alimentation et d'une hygiène de vie saines.

5

IL FAUT DES RITES

Dans le chef-d'œuvre de Saint-Exupéry, le renard déclare au petit prince : « Il faut des rites. » Les rites confèrent une profondeur aux divers aspects de la vie, notamment les plus marquants : la naissance, le mariage, la mort... et les repas. Certains sont liés à des fêtes spécifiques, comme la bûche de Noël ou la galette des rois, mais il existe aussi des rituels quotidiens par lesquels une civilisation se définit : ainsi en est-il de notre pain quotidien, ou même du brossage de dents. En fait, nous consacrons à notre insu l'essentiel de notre temps de veille à l'exécution de ces rituels.

Dans un monde évoluant à un rythme toujours plus soutenu, ces habitudes représentent des points de repère : elles rassurent et sont source de réconfort. Partie intégrante de notre bien-être et de notre conception culturelle du juste et du bon, elles constituent les normes autour desquelles nos goûts individuels se développent – en France sans doute encore plus qu'ailleurs. Sauriez-vous me citer un autre pays où l'on débat sérieusement de la provenance des meilleurs macarons au café – de chez Ladurée, Fauchon ou Pierre Hermé ? La virulence de telles conversations fait encore sourire mon époux américain. Eh oui, chez nous, la qualité relève de la passion, sinon de l'obsession.

À la fin du XVIIIe siècle, avec la montée en puissance de la bourgeoisie, on vit apparaître les « arts de la table », nouveau code qui déterminait aussi bien la disposition des couverts et des convives que la présentation des mets, en passant par l'harmonisation des saveurs. Les repas se firent spectacles. C'est à cette époque que les classiques de notre cuisine reçurent leurs appellations modernes. Cette évolution suscita un élan d'innovation et d'imitation, et vit poindre les premières modes culinaires. Même si nous insistons jalousement sur la permanence et la perfection de nos recettes ancestrales, nous cherchons sans cesse à les renouveler et à les égayer – heureusement, sinon notre cuisine serait bien ennuyeuse ! Nous apprécions les menus chaque jour renouvelés et les spécialités du chef, conscients de les voir peut-être figurer sur la carte pour la seule et unique fois. Voilà qui conduit à considérer chaque repas comme un événement ; voilà comment il faut apprendre, ou réapprendre, à penser.

Pour la première fois de l'histoire, la culture gastronomique ancestrale de la France est mise en péril par la globalisation. Avec l'apparition dans nos villes d'enseignes de chaînes de fast-food internationales, il devient de plus en plus ardu de transmettre le goût des bonnes choses à nos enfants. On pourrait se croire revenu au Moyen-Âge, au temps où on mangeait avec ses doigts, piochant dans un grand plat commun, voire rongeant un os avant de le passer à son voisin. D'accord, j'exagère ! Il n'empêche que les prémices d'épidémie d'obésité à l'américaine touchant aujourd'hui notre pays résultent essentiellement de la perte de nos valeurs culinaires classiques. Il nous faut retrouver ces traditions, pour le bien-être général.

Trois repas par jour, trois plats au dîner

Le menu français traditionnel se compose encore aujourd'hui d'une entrée, d'un plat et d'un dessert, un supplément de fromage venant même se glisser entre les deux derniers. Dans les grands restaurants, il n'est pas rare de goûter à un ou deux plats supplémentaires. La route assurée vers le surpoids ? Pas du tout, car les toques présidant aux fourneaux ont su adapter les portions au mode de vie moderne, notamment caractérisé par la sédentarité. Aujourd'hui, nous festoyons encore à l'occasion, mais plus de façon régulière.

Pendant la phase de rééducation, j'ai souligné l'importance de ne jamais faire autre chose en mangeant : pas de télévision ni de journal, pas de repas grignoté au volant ou dans le métro. J'ai suggéré aussi un minimum de formalisme à table : cela aide à manger moins en savourant mieux les mets. Là intervient le travail de présentation, avec le choix de la vaisselle, des verres et de la nappe ; vous pouvez aussi disposer quelques bougies. Si ce petit effort vous paraît sans objet, vous n'avez pas compris mon propos... Dresser une jolie table s'avère presque aussi important que la préparation du repas. Cet « emballage » esthétique intrigue et ouvre l'appétit, vous préparant ainsi à une expérience gustative complète.

Avez-vous remarqué que le mot « menu » signifie aussi « petit » ? J'aime à penser que son utilisation en rapport avec la nourriture évoque une succession de petites offrandes culinaires. L'essence de la gastronomie française ne réside-t-elle pas en effet dans l'art de prendre un petit peu de beaucoup de choses, plutôt qu'une grosse portion d'un seul plat ? De la même façon, on n'empilera pas son repas tout entier dans son assiette et on évitera les écuelles débordantes de nourriture. Disposer les mets dans un plat fait partie du plaisir et changer d'assiette vous oblige à vous concentrer sur ce que vous mangez et contribue à ralentir les repas : cela favorise la digestion et permet d'atteindre la satiété avec un apport alimentaire moins important. Plus on mange vite, plus on aura besoin de manger pour se sentir rassasié. Et si la perspective de laver une assiette de plus vous paraît par trop ennuyeuse, demandez-vous si vous ne préférez pas cette petite corvée à un kilo sur les hanches...

La notion de portions « menues » permet de savourer de temps à autre un éventail complet de la haute cuisine : amuse-bouche, entrée, plat principal, fromage, dessert, petits-fours – la totale ! Mais attention, nous ne parlons pas ici des dîners à la table de Louis XIV. Si nous ne mangions pas avec parcimonie de chacun des mets successivement proposés, nous ne survivrions pas à de telles agapes. Même après le repas le plus élaboré, on doit se lever de table rassasié, et non avec l'impression que l'estomac est prêt à éclater.

Il n'existe aujourd'hui plus de règles en termes de repas principal de la journée : pour certains c'est le déjeuner, pour d'autres le dîner. En revanche, prendre trois repas par jour est indispensable pour réguler notre métabolisme. La prise d'en-cas répétés, laquelle résulte principalement de repas bâclés, est un expédient qui introduit la confusion dans notre corps et dans notre esprit. Même si vous n'avez pas particulièrement faim le matin, un ersatz de petit déjeuner vous incitera à manger proportionnellement trop le reste de la journée. Je vois quantité de jeunes femmes qui, n'avalant qu'un café le matin et se passant de déjeuner, s'accordent à la limite une pâtisserie dans la matinée avec un autre café, afin de pouvoir se « lâcher » lors d'un dîner entre amis. On pourrait penser qu'elles compensent par avance en vue d'excès ultérieurs. C'est oublier une règle de base : le plaisir doit précéder la compensation. En réalité, ces femmes qui ne prennent qu'un vrai repas par jour se fourvoient. À l'heure du dîner, elles meurent de faim. Souvent, leur soirée débute par un cocktail à base d'alcool fort et de quelque ingrédient sucré, en somme des calories inutiles – ces breuvages devraient d'ailleurs porter la mention « dangereux ». Vient ensuite un dîner au restaurant avec les risques inhérents à ce type de sortie : portions trop importantes, mets trop salés ou trop gras, sucres cachés... Si l'on confiait ce type de repas à un laboratoire, on aurait à coup sûr des surprises ! Les plats achetés chez un traiteur sont tout aussi pleins d'embûches. La solution : dîner dehors moins souvent, mais dans des restaurants de qualité. Les autres soirs, prenez vos repas à la maison. Rappelez-vous ce précepte de Molière : « Manger bien et manger juste. » Ou connais-toi toi-même et connais le contenu de ton assiette...

6

DES SAISONS ET DES ASSAISONNEMENTS

Où sont passées les fraises d'antan...

Dans mon enfance, on offrait encore des oranges aux enfants en guise de cadeau de Noël, parce qu'il s'agissait d'une denrée rare. Le menu traditionnel du réveillon ne comporte pas de fruits exotiques, car il date d'une époque où l'on se débrouillait avec les moyens du bord, en l'occurrence les produits de saison. Ne mangeaient de tomates en décembre que les habitants de l'hémisphère sud, et ainsi de suite. Les moyens de transport modernes, la mise en conserve et la surgélation nous ont habitués à trouver de tout en toute saison. Il m'est arrivé, comme à chacune d'entre nous, de me laisser tenter par des fraises au cœur de l'hiver... mais il m'a suffi de mordre dans ces fruits sans saveur pour les recracher aussitôt dans ma serviette ! Comment comparer une fade tomate d'hiver de supermarché à sa cousine gorgée de soleil achetée l'été ?

Respecter le rythme des saisons joue un rôle essentiel dans l'équilibre de notre organisme et dans notre bien-être. Par exemple, l'été, notre corps a soif de salades composées, garnies de légumes verts et de tomates parfumées ; les fraises et les framboises bien juteuses nous ravissent. Tous ces aliments sont truffés de nutriments, et d'eau rafraîchissante, que nous éliminons plus rapidement par temps chaud. Durant l'automne et l'hiver, nous nous tournons tout naturellement vers des mets plus roboratifs et énergétiques, capables de nous réchauffer. Les protéines nous tentent davantage et nous accueillons avec joie la saison des huîtres, des fruits de mer, des soupes épaisses, des légumes secs et des lentilles, et la viande nous paraît plus appétissante.

En fait, cette notion de saisonnalité joue un rôle clé dans le plaisir psychologique apporté par les repas. Une joie saine nous envahit à l'idée de retrouver bientôt l'une de nos denrées favorites, par exemple les asperges à la fin du printemps, dont nous profiterons pendant une courte période... après quoi il faudra les oublier jusqu'à l'année suivante. Réfléchir ainsi à ce que nous mettons dans notre bouche s'inscrit à l'opposé de l'alimentation routinière, irréfléchie, propre à favoriser l'ennui et la prise de poids. À Venise, on se presse dans les restaurants pendant la brève saison de mue des crabes, car leur carapace est alors molle ; les premières fraises de l'année réveillent de précieux souvenirs des saisons passées. Et cette règle s'applique aussi bien aux recettes qu'aux ingrédients. À l'instant où je rédige ce passage, à la veille de Noël, j'aperçois depuis la fenêtre de notre appartement parisien la célèbre pâtisserie

Mulot, devant laquelle une soixantaine de clients munis de parapluies font patiemment la queue afin de s'emparer de la bûche de Noël qu'ils ont commandée au préalable. Il s'agit là d'un gâteau « tout sauf » diététique... mais qui ne se mange que deux ou trois jours par an. Pour cette raison, nul ne songe à s'en priver – et avec un minimum de notions d'équilibre, cela ne devrait même pas être nécessaire.

Au marché

Les villages comme les villes, grandes ou petites, comptent tous leurs marchés, qui se tiennent certains jours fixes de la semaine. Sur les étals s'empilent des denrées fraîches, les meilleures de la saison – viande, gibier, fruits, légumes, fines herbes, épices... Voit-on ailleurs vingt-sept variétés d'olives, chacune nichée dans son baril spécifique ? Le jour de marché est une tradition millénaire qui persiste en ce début de XXIe siècle, en dépit de la prolifération d'hypermarchés toujours plus grands. Jeunes et vieux, riches et pauvres bravent le froid, la chaleur, la pluie ou le soleil de midi pour avoir le privilège de choisir entre trois variétés de haricots verts, sept types de pommes de terre, d'innombrables formes de pain, des œufs de caille, des poulets fermiers, du sanglier, quarante-trois sortes de fromages ou des variétés innombrables de fines herbes et de poissons, auxquels s'ajoutent bien entendu les fleurs. Des œufs récoltés le matin même, dont le jaune est presque orangé et plein de saveur. Des pêches blanches cueillies à l'aube, juteuses à souhait et destinées à ne demeurer parfaites qu'un seul jour avant d'entamer leur lente décomposition.

Faire son marché demeure une tradition française, malgré la concurrence des grandes surfaces. Le marché est aussi un lieu d'échanges sociaux : on y croise ses voisins, on s'y tient au courant des nouvelles locales et, plus important, on y apprend à connaître les agriculteurs et les fermiers venus vendre leur production ; on peut nouer avec eux une relation de complicité. Les étrangers s'étonnent souvent de voir les acheteuses laisser aux vendeurs le soin de choisir pour elles la marchandise et se contenter de leur expliquer quand elles ont l'intention de se servir dudit ingrédient, sous quelle forme et avec quelle garniture. Cette discussion prend parfois un certain temps, pendant lequel les clients suivants attendent patiemment.

Je me trouvais récemment devant un étal du marché Saint-Germain, en vue de l'arrivée imminente de mon époux Edward dans la Ville Lumière. Telle une thérapeute, une charmante vendeuse me questionna :

— C'est pour ce soir ?

— Les pêches blanches, oui, répondis-je, mais les jaunes pour demain soir.

Elle considéra attentivement les produits et sélectionna quelques fruits avec soin. En général, j'achète juste ce dont j'ai besoin pour le dîner, mais une journée chargée m'attendait le lendemain et je n'aurais pas eu le temps de passer au marché. Or je tenais à servir un melon de Cavaillon à Edward pour son premier déjeuner parisien, le samedi : c'est un de ses fruits préférés. Lorsque je lui demandai un melon, ma conseillère s'enquit à nouveau : « C'est pour quand ? » Je l'éclairai sur ce point et elle se mit à l'œuvre, soupesant les fruits, examinant leur queue, humant leur parfum. À la fin, il n'en restait plus que deux. La jeune femme déclara avec un sourire confiant : « Dans ce cas, c'est celui-ci », et me tendit celui qu'elle tenait dans sa main droite : d'après ses calculs, l'autre n'atteindrait pas la perfection avant dimanche. Comme, bien entendu, on n'entrepose pas les fruits dans le réfrigérateur, je posai mon panier dans la cuisine puis, une chose en entraînant une autre, j'oubliai l'existence de ce melon. Le samedi matin, je me réveillai dans un appartement délicieusement parfumé. Le melon criait : « Mangez-moi ! » Inutile d'espérer en faire la surprise à Edward... À son arrivée de l'aéroport, il n'eut qu'un mot en pénétrant dans la cuisine : « Wow ! »

Tous les marchés ne se valent pas, mais tous offrent une expérience inoubliable en termes de rencontre avec les produits et leurs producteurs. On y apprend quels sont les produits de saison et comment les préparer en respectant mieux leur saveur. La plupart des vendeurs adorent donner leurs recettes préférées d'oseille ou de chou. Il y a sûrement un marché près de chez vous : courez-y.

Une fois achetés des fruits et des légumes (ou du pain, du poulet ou du poisson) sur un marché en plein air, vous éprouverez quelque difficulté à considérer du même œil les grandes surfaces. À vous d'apprendre les rythmes de votre marché : certains sont quotidiens, d'autres hebdomadaires ou bihebdomadaires, ou encore « tournants ». Ainsi, en Provence, vous trouverez les marchands le mardi à Vaison-la-Romaine, le lendemain à Carpentras, le jeudi à Ménerbes, puis à Saint-Rémy-de-Provence, puis à Uzès, etc. En vacances, cela devient une activité ludique de dénicher le marché du jour. Ce petit effort vous sera rendu au centuple dans la cuisine : la meilleure cuisinière du monde ne peut préparer un bon repas avec des ingrédients médiocres et il faut posséder une sorte de génie pervers pour transformer des denrées exceptionnelles en mauvaise nourriture. Avec les bons produits de saison, la meilleure solution consiste d'ailleurs à les préparer le plus simplement possible.

Certes, sur les marchés comme ailleurs, les produits de qualité reviennent plus cher que leurs cousins médiocres en vente dans les supermarchés. Ne considérez plus ces dépenses supplémentaires comme un luxe mais comme une règle de vie : acheter moins, mais de meilleure qualité. Trouvez donc un bon producteur.

Assaisonnements

Tous les marchés proposent des bottes de fines herbes ainsi qu'un large assortiment d'aromates et d'épices séchés. Si la cuisine française n'est pas particulièrement relevée, elle n'existerait pas sans assaisonnements. Grâce à eux, nous tromperons notre palais et transformerons des recettes reposant auparavant sur leur richesse en matières grasses en des explosions de saveurs légères. Attention, les épices sont par nature plus puissantes que les herbes. Apprenez à les utiliser progressivement. Il faut très peu de curcuma pour parfumer un plat et, si l'on peut toujours en rajouter, impossible d'en retirer si l'on en a trop mis.

Les herbes le plus communément utilisées dans la cuisine française traditionnelle sont le persil, le basilic, l'estragon, le thym, la citronnelle, la ciboule, la marjolaine, l'origan et le romarin – pour les soupes, les viandes, les volailles, les poissons, les légumes et les salades ; la sauge, elle, agrémente les plats de viande et les champignons. Il faut hacher ces herbes à la dernière minute pour exalter au mieux leur saveur.

Côté épices, les plus courantes sont le paprika, le piment de Cayenne et, de plus en plus, le curry et le gingembre, notamment avec la volaille et les viandes. La cannelle sert plutôt pour les desserts, mais vous pouvez aussi essayer d'en mettre une pincée sur une pièce d'agneau en cocotte ou rôtie. Un soupçon de noix de muscade relève agréablement un poulet à la crème ou des légumes tels que les carottes, les haricots verts, les courges ou les épinards. Des mariages plus inattendus peuvent se révéler tout aussi savoureux : ainsi le chef alsacien Jean Georges Vongerichten a-t-il subjugué New York en relevant de poivre ses crèmes glacées.

La moutarde figure parmi les condiments les plus utiles. Choisissez des variétés de bonne qualité comme les moutardes de Dijon, de Meaux ou Pommery. Vous pouvez utiliser celles-ci pour relever un velouté, un hamburger (cela change du ketchup), avec des plats à base de fromage et d'œufs, dans les sandwichs (notamment à la place de mayonnaise), dans l'assaisonnement de vos salades, les sauces accompagnant le poisson et tous les ragoûts auxquels elle apporte un petit supplément d'âme et de complexité. Le basilic, la menthe et le romarin frais se marient à merveille avec les recettes d'été, tandis qu'à l'automne et en hiver un mélange d'herbes séchées et d'épices relèvera idéalement les préparations de saison, de l'agneau aux compotes de fruits. Les épices favorisent la digestion des plats plus lourds et renforcent notre système immunitaire, lequel est plus sollicité en hiver. Voilà pourquoi il convient d'en user plus généreusement pendant la saison froide. Herbes et épices vous aideront en outre à utiliser moins de sel : celui-ci favorise la rétention d'eau et entraîne un gain de poids certes temporaire, ce qui est déprimant quand on essaie de mincir.

Comme vous pouvez l'imaginer, la qualité de ces ingrédients a une importance capitale. Il faut donc utiliser des moulins aussi bien pour le poivre que pour le sel, afin de les moudre à la dernière minute, pour libérer leurs saveurs au moment adéquat. Préférez en outre le sel de mer, beaucoup plus parfumé. Saviez-vous qu'il existe au moins une douzaine de variétés de poivre ? En ce qui concerne les herbes, vous pouvez sans difficulté faire pousser les vôtres. On propose même aujourd'hui des « jardins » prêts à l'usage : il suffit d'arroser pour voir apparaître en quelques semaines un assortiment de fines herbes. Encore une fois, vous apprendrez par l'expérience.

Pour ma part, je cultive du persil, du thym, du romarin, de la menthe, de la ciboulette et du basilic sur le rebord de la fenêtre de ma cuisine dès la fin du printemps jusqu'au début de l'automne. Au premier froid, je les rentre dans la pièce pour les poser dans un endroit ensoleillé. Le basilic survivant mal intra muros, je le coupe à la fin de l'été et j'aplatis ses feuilles pour les congeler. Je confectionne une bonne dose de *pesto*, que je remise dans des bacs à glaçons ; j'emballe les cubes dans des sachets individuels hermétiques. Une précaution bien pratique lorsqu'on éprouve l'envie de se préparer quelques pâtes un soir de décembre.

Personnellement, j'affiche une prédilection pour le romarin, que j'utilise aussi bien frais que séché : c'est mon assaisonnement préféré pour l'agneau, le poulet et toutes les volailles. J'ai découvert cet aromate quand j'étais adolescente, lors de vacances en Provence. Une de mes tantes en conservait un pot dans sa chambre car elle pensait que le parfum de cette plante était stimulant, purifiant et réconfortant. De fait, l'action apaisante du romarin sur le système nerveux est reconnue. Et il vous suffira s'en humer une branche pour comprendre cette coutume provençale.

Essayez divers assaisonnements ; vous découvrirez vite vos préférés. Stockez ces derniers, mais demeurez ouverte à de nouvelles combinaisons de saveurs. Quelques recettes de base peuvent être déclinées à l'infini, simplement en changeant leur assaisonnement (je donne des exemples de cette technique dans les chapitres suivants). Rappelez-vous simplement que, dans ce domaine comme dans beaucoup d'autres, la prudence est de mise. Une fois que vous aurez appris à redécouvrir la saveur des aliments, vous remarquerez le mélange des ingrédients comme jamais auparavant. Et plus vous vous entraînerez à reconnaître de parfums, plus votre goût s'affinera. Un palais bien éduqué se contente plus aisément. En résumé, pour manger moins et perdre du poids, il faut vous intéresser constamment à ce que vous mangez.

Les noix

Nous ajoutons volontiers des noix à nos salades, sur le poisson et même sur certaines viandes. Nous en saupoudrons également nos pâtes, nos yaourts, nos gâteaux et nos glaces. Nous extrayons aussi d'elles des huiles parfumées qui représentent une alternative délicieuse à la sacro-sainte huile d'olive.

Ces denrées extrêmement nutritives relèvent de façon savoureuse et saine bien des mets et des plats, les rendant plus roboratifs grâce à leur concentration en bonnes graisses. Mais saviez-vous que les noix sont aussi des produits saisonniers ?

Quiconque a déjà goûté des noisettes ou des amandes fraîches comprendra de quoi je parle. Et cela peut paraître logique, dans la mesure où il s'agit de fruits cueillis sur des arbres ou des arbustes. J'adore cette catégorie d'aliments, vous l'aurez deviné, et j'ai une préférence pour les noisettes, les noix et les amandes – sans doute évoquent-elles pour moi des souvenirs d'enfance. Notre jardin comportait quelques noisetiers et un immense noyer ; il y avait également une rangée de noisetiers derrière la maison de ma grand-mère, en Alsace. Rien ne peut se comparer à une noix fraîchement cueillie. Son enveloppe brune est si souple qu'elle offre sa chair blanche presque sans résistance. Son parfum et sa saveur sont aussi éloignés de ceux d'un sachet de noix servi à bord d'un avion qu'un vrai saucisson d'une charcuterie industriel.

Des années plus tard, lors d'un séjour chez des amis en Grèce, je devais découvrir les amandes fraîches, encore plus délicates, dotées d'une douceur presque sensuelle. À mon retour en France, j'ai accroché dans ma chambre une reproduction de *L'Amandier en fleurs*, de Bonnard, afin de me remémorer cette expérience.

Pendant l'automne, à la maison, un bol de noix fraîches trônait en permanence dans la cuisine et, après le déjeuner dominical, nous le faisions circuler juste avant le café. Nous autres, enfants, adorions les casser. Rappelons en effet que stocker les noix dans leur coquille préserve leur parfum et permet d'en manger moins... car il faut travailler pour les déguster. Mamie en empaquetait quelques-unes dans un petit sachet en papier, pour la récréation de dix heures. Yvette, notre nounou, une jeune femme adorable faisant pratiquement partie de la famille, affirmait que cet en-cas recelait le secret de nos excellents résultats scolaires.

Une petite poignée de noix fraîches non salées reste l'un de mes en-cas favoris. J'en transporte toujours un sachet dans mon sac (souvent agrémenté de fruits secs, par exemple des abricots) en cas d'urgence, de voyage impromptu ou d'avion retardé.

Les noix sont riches en bonnes graisses monoinsaturées et constituent d'excellentes sources de vitamine E, de vitamine B9, de potassium, de magnésium, de zinc, et d'autres oligo-éléments essentiels pour la santé. Nombre de personnes considèrent à juste titre les noix comme des aliments très caloriques et très gras ; voilà pourquoi il faut les consommer avec modération. Six ou huit noix, soit environ trente grammes, représentent l'équivalent, par exemple, de cent grammes de poulet, mais sont beaucoup plus riches en nutriments essentiels. Mangez-en donc une petite poignée afin de recueillir leurs bienfaits et savourez-les une à une.

La plupart des noix en vente dans les magasins sont vieilles de plusieurs mois, voire rances. Celles qu'on vous offre dans les avions ou dans les bars ne valent guère mieux. Un surplus de sel tente de masquer leur fadeur. Trouver des noix fraîches en saison et en ville peut relever de la gageure. Lorsque je me suis installée à New York, je revenais régulièrement voir mes parents, et ma mère demeurait mon principal fournisseur. Je rapportais toujours un grand sac de noisettes à la maison. Une année, j'ai préparé pour le déjeuner de Thanksgiving le traditionnel *pumpkin pie* (gâteau à la citrouille). Ma recette exigeait en principe des noix de pécan ; comme je n'en avais pas, je décidai de les remplacer par mes noisettes fraîches. Edward, qui adore ce gâteau, affirme aujourd'hui encore que c'est le meilleur qu'il ait jamais goûté. Quand je dis qu'il faut oser expérimenter... Aujourd'hui, je passe commande de mes noix et noisettes à de petits producteurs. En général, les magasins de produits diététiques ont un bon débit garantissant une plus grande fraîcheur. Conservez-les dans un récipient hermétique à l'abri de la lumière (et surtout pas, par pitié, dans le réfrigérateur).

Les autres fruits

Dans mon enfance, à la maison, nous mangions beaucoup de fruits, en saison évidemment. Notre jardin comptait plusieurs rangées de fraisiers, un grand cerisier aux fruits bicolores juteux, ainsi qu'un petit griottier. Des buissons de framboisiers et de mûriers poussaient comme du chiendent le long des murs de pierre, et près du noyer et des noisetiers. Les carrés du potager recelaient rhubarbe, oignons, poireaux, tomates et carottes, ainsi que des groseilliers et des groseilliers à maquereaux, les fruits étant pour la plupart destinés à la confection de gelées et de confitures.

À la fin de l'année scolaire, j'avais la permission d'organiser un goûter d'enfants autour du grand cerisier. Sous la surveillance de notre jardinier, mes amis et moi grimpions à tour de rôle dans l'arbre. J'étais évidemment la plus agile, car la plus expérimentée, mais quelques autres aventuriers me rejoignaient sur les plus hautes branches, d'où nous lancions des cerises aux moins téméraires. À la fin de l'après-midi, nous avions les mains et le museau rouge et mauve. Je m'efforce d'oublier, en revanche, que chaque année quelqu'un abusait de ce fruit jusqu'à s'en rendre malade. Il n'est jamais trop tôt pour apprendre la modération...

À la saison des fraises, je me lançais dans une cure de ce fruit, qui était déjà à l'époque mon préféré. Pendant six semaines environ, nous en mangions chaque jour au dessert, fraîchement cueillies. Mon père dorlotait ses plantations avec un soin jaloux et, au printemps, on nous réquisitionnait pour étaler de la paille entre les rangées, afin que les fruits encore verts ne reposent pas sur le sol en mûrissant : cela nous permettait de les déguster sans les laver. Ce délectable « manque d'hygiène » choqua beaucoup mon Américain d'époux quand il le découvrit, mais il apprit à l'apprécier sans jamais éprouver le moindre trouble digestif.

On pourrait penser qu'au terme de six semaines nous ne pouvions plus supporter la vue d'une fraise ; c'eût sans doute été le cas sans l'imagination de Mamie. Le lundi, n'ayant guère de temps à consacrer à la cuisine, elle nous les servait nature dans un grand plat posé au centre de la table familiale. Les jours suivants, nous nous régalions de fraises à la crème préparées selon sa recette personnelle. Elle écrasait doucement les fraises à la fourchette, ajoutait un peu de sucre et laissait le tout macérer à température ambiante jusqu'à l'heure du déjeuner. Il émanait du bol un parfum irrésistible. Il lui suffisait d'ajouter un soupçon de crème fraîche pour obtenir une sorte de soupe rose (rien que d'y penser, j'en ai l'eau à la bouche !) qu'elle servait dans de petites assiettes à dessert bordées d'un filet doré, et nous pouvions nous resservir à loisir. Voilà un excellent truc pour faire paraître une portion plus copieuse.

Pour le déjeuner du dimanche, lequel s'achevait toujours par un gâteau, ma mère confectionnait une tarte aux fraises. Après avoir sélectionné un panier de beaux fruits de taille similaire, elle faisait cuire une succulente pâte brisée ou sablée, la laissait refroidir puis disposait les fraises crues dessus, la pointe vers le haut. Un coulis de fraise parachevait cette œuvre plus appétissante que celles des meilleures pâtisseries, plus savoureuse et aussi moins calorique. Mamie servait cette tarte accompagnée d'une jatte de crème chantilly.

L'hiver, elle préparait une recette identique avec des griottes dont nous adorions le petit goût acide. Nous appréciions moins, en revanche, la cueillette, le dénoyautage et la mise en bocaux de ces fruits, car nous devions y consacrer une partie de nos soirées dominicales d'été. Pour nous stimuler, Mamie nous rappelait que cela nous permettrait de nous régaler de tartes aux cerises l'hiver suivant, quand les fruits se feraient rares – apprécier des fruits hors saison participe également d'un art ancestral. Nous mangions ces griottes fraîches (seules les femmes de la famille prisaient ce fruit à l'état naturel), dans des gâteaux ou, mieux encore, intégrées au dessert favori de papa, le baba au rhum. Au lieu de noyer le baba d'alcool, Mamie utilisait le jus des conserves de cerises, ajoutant juste un trait de rhum pour parfumer le tout. Et, juste avant de servir, elle versait les cerises dans le trou au cœur du gros gâteau et les recouvrait de crème fouettée. C'était un délice maison souvent réclamé par les invités de mes parents, seuls autorisés à se resservir.

Les framboises et les mûres se mangeaient pour l'essentiel nature en saison. Nous en récoltions tellement que ma mère en congelait toujours une partie (cette méthode de conservation ne convient pas du tout aux fraises, mais préserve la plupart des autres fruits rouges). Un de nos desserts d'hiver préférés, dégusté, encore une fois, plutôt le dimanche, se composait d'un flan à la vanille garni de fruits rouges, dont le jus dégoulinait sur les parois du flan : aussi joli à regarder que délicat à déguster. Ah, le mélange subtil d'un flan à peine sucré et de la compote formée par les fruits décongelés et leur coulis parfumé...

Comme les autres baies, les myrtilles poussaient abondamment à l'état sauvage en Alsace. Armée d'un grand bâton qu'elle utilisait comme canne pour ses promenades en forêt, ma grand-mère invitait toute la famille à participer à des expéditions de cueillette dans le bois derrière sa maison, qui recelait un incroyable champ de myrtilles. Chacun de nous était chargé de remplir un petit récipient, mais je prenais toujours du retard car je remplissais autant ma bouche que mon seau. Il fallait beaucoup de myrtilles pour confectionner un gâteau, car la variété sauvage est beaucoup plus petite que ses cousines cultivées. Les myrtilles sauvages sont aussi notablement plus parfumées, à la fois acides et sucrées, mais aussi vaguement épicées. Parfois, mon père m'aidait à assurer mon quota en partageant avec moi une partie de sa cueillette. Je me rappelle avoir tenté, au début de notre mariage, de décrire les myrtilles de mon enfance à Edward et l'abîme qui les séparait des « bleuets » canadiens en vente aux États-Unis. Il le saisit quelques années plus tard seulement, lors d'un déjeuner à l'Auberge de l'Ill, haut lieu de la gastronomie alsacienne proposant ce jour-là la première tarte aux myrtilles de la saison. J'aimerais avoir pris une photo de son visage lorsqu'il y goûta !

Sur la plus grande partie de la planète, l'été annonce l'arrivée des pêches et des melons, suivie de celle des poires puis, l'automne venu, des pommes. Les prunes, quant à elles, se succèdent variété après variété de la fin de l'été jusqu'au cœur de l'automne. Chez nous, la saison s'ouvrait à l'extrême fin de l'été avec la mirabelle, une variété de prune poussant presque uniquement dans l'est de la France. Nous la mangions en tarte et en compote, et l'utilisions pour confectionner des conserves, des sorbets et des alcools blancs, redoutables digestifs sirotés par mon grand-père après un repas copieux. En Alsace, on prend les mirabelles très au sérieux : il existe une fête de la mirabelle, au cours de laquelle une « reine » est élue, puis promenée dans la ville, suivie de camions chargés de fruits. Des dégustations sont organisées pour toutes les formes de préparation, ainsi que des compétitions. Au sein de notre famille, les recettes de ma mère étaient bonnes, mais j'avoue que la tarte de tante Berthe remportait la palme, ce qui explique sans doute qu'elle ait toujours refusé d'en révéler la recette. Adolescente, je réussis un jour à la surprendre en pleine préparation, mais comme elle me fit promettre que sa recette ne sortirait pas de la famille ; je ne vous la livrerai pas ici.

La quetsche, plus commune, se consomme en clafoutis et en tartes. Ce type de prune se prête bien à la congélation et j'en utilise souvent en hiver avec de la *panna cotta*, une sorte de flan à l'italienne, cette dernière se confectionnant en cinq minutes environ (plus quatre heures au réfrigérateur, afin qu'elle prenne). Comptez cinq autres minutes pour faire revenir les prunes décongelées dans un soupçon de beurre avec un tout petit peu de sucre et de cannelle.

Il existe une autre variété de prune que je mange tout au long de l'année dans le cadre de mon propre programme de bien-être. Il s'agit de la prune d'Ente, la variété violette utilisée dans le sud-ouest de la France pour fabriquer les fameux pruneaux d'Agen. Edward se moque de moi, car je mange deux pruneaux plusieurs fois par semaine au petit déjeuner : cela lui paraît trop peu glamour pour être français... En réalité, les pruneaux regorgent de vitamines, de fibres, bien entendu – cela fait d'eux, comme chacun sait, un laxatif léger –, de potassium, de calcium et de magnésium. En France, on les considère comme l'outil idéal pour purifier l'organisme et favoriser son équilibre en oligo-éléments. Voilà pourquoi on apprend aux enfants à les apprécier. Signalons qu'ils sont excellents pour nous tous et pas seulement pour les personnes âgées.

Parlons à présent des citrons. Vous avez sûrement déjà vu des femmes commander un citron pressé. Il s'agit normalement du jus du fruit additionné d'un peu d'eau froide – ou chaude, l'hiver (surtout pas de sucre, s'il vous plaît). Vous pouvez en boire au petit déjeuner ; dans ce cas, un demi-citron suffit.

Chez moi, on appréciait aussi le canarino, une recette italienne de tisane de zeste de citron. Apprendre à apprécier le citron est un excellent atout pour la stabilisation de votre poids.

Trop de nos contemporains dédaignent les fruits. Qui peut les en blâmer si l'on considère la qualité de ceux qu'on propose dans les supermarchés ? Il n'empêche, vous devez leur réserver une place de choix dans votre alimentation : en effet, c'est le seul type d'aliment qui se consomme sans problème et sans aucune préparation ! Il vous suffit de connaître les produits disponibles à telle ou telle saison et ceux pouvant être mis en conserve ou surgelés en vue de la mauvaise saison. L'une des meilleures méthodes pour améliorer la qualité d'un plateau de fruits consiste à vous rendre une fois par semaine là où l'on vend des denrées de qualité – marché ou autre.

« CLAFOUTIS » AUX PRUNES SANS PÂTE

Pour 4 personnes

Avec sa pâte, le clafoutis classique est bien entendu plus riche et pourvu d'une pâte. Mais, comme je l'ai appris du Dr Miracle, cette version sans farine conserve tout le plaisir, tout en apportant beaucoup moins de calories. L'adjonction d'une petite boule de crème glacée représente une autre contre-mesure efficace. Je prépare souvent ce dessert si je veux compenser la richesse un peu excessive d'un plat servi juste avant. Il permet aussi d'introduire des vitamines et des fibres supplémentaires dans le menu. Cette recette convient en outre à merveille aux prunes pas tout à fait mûres : quelques minutes de cuisson, un soupçon de sucre et le tour est joué ! Vous pouvez aussi préparer ce clafoutis avec des cerises, des pommes, des poires ou des figues.

INGRÉDIENTS

12 prunes
1 cuillerée à soupe de jus de citron
1 cuillerée à soupe de sucre
1/4 de cuillerée à café de cannelle
1 noisette de beurre

1. Lavez les prunes et coupez-les en quatre. Versez le jus de citron dessus et laissez mariner pendant 10 minutes.
2. Mélangez le sucre et la cannelle. Faites fondre le beurre dans une poêle antiadhésive et ajoutez les prunes. Saupoudrez de mélange sucre-cannelle.
3. Laissez cuire à feu doux : les prunes doivent être tendres, sans se défaire (idéalement, elles devraient être un peu *al dente*). Servez à température ambiante accompagné ou non de crème glacée.

BOISSON AUX MYRTILLES

Pour 4 personnes

Ce breuvage particulièrement riche en antioxydants peut représenter l'élément essentiel de votre déjeuner, d'un en-cas ou même de votre petit déjeuner (quoique je préfère un premier repas plus consistant et équilibré) ou encore accompagner au dessert un cookie ou un muffin. J'ai découvert cette recette, comme tant d'autres, chez ma grand-mère alsacienne. Nous avions ramassé plus de myrtilles sauvages que nous ne pourrions en manger au cours de la saison. Heureusement, ces fruits se congèlent extrêmement bien. Aujourd'hui, je les achète par kilos en pleine saison, auprès de petits producteurs, et je les congèle immédiatement – cela me permet d'en disposer toute l'année. La boisson qui suit comporte un ingrédient stimulant.

INGRÉDIENTS

300 g de myrtilles surgelées
2 cuillerées à soupe de jus de citron
2 cuillerées à soupe de miel
1/2 l de lait demi-écrémé
1 pincée de cardamome moulue

1. Sortez les myrtilles du congélateur 30 minutes avant de les utiliser.
2. Mixez les myrtilles avec le jus de citron, le miel et le lait. Ajoutez une pincée de cardamome avant de servir.

Les tomates

Cet ingrédient essentiel de la cuisine provençale est aussi appelé « pomme d'amour », et ce nom lui convient à merveille. Comme vous l'avez sans doute appris à l'école, les tomates sont des fruits. Et excepté en version cuite, je recommande de les manger en saison ! Peu de choses me manquent autant en hiver qu'une vraie tomate. Mais cela ne rend ces fruits estivaux que plus précieux. Ne vous laissez pas tenter par des rondeurs trompeuses ; attendez la bonne saison.

En attendant, je me console avec des tomates cerises disponibles toute l'année et je limite mes cures de tomates aux mois d'été. Rappelons-le, ces fruits sont riches en vitamines A et C, ainsi qu'en vitamine B9, en potassium et en divers autres nutriments excellents pour la santé.

À l'exception des variétés jaunes et vertes, qui peuvent apporter une agréable touche de couleur dans une recette, les tomates bien mûres affichent une teinte rouge brillante. Mais la couleur seule ne constitue pas une preuve suffisante de qualité. Si une tomate ne sent pas la tomate mûre (ou, pire, ne sent rien du tout), elle n'est pas à maturité. N'entreposez jamais les tomates dans le réfrigérateur : glacées, elles perdent de leur saveur naturelle. Laissez-les dehors dans la cuisine et lavez-les juste avant de les manger. L'hiver, la purée de tomates permet d'épaissir et d'adoucir bien des sauces.

SALADE DE TOMATES AU FROMAGE DE CHÈVRE

Pour 4 personnes

Bien que l'on trouve désormais des tomates toute l'année, celles achetées en hiver ont bien peu en commun avec celles vendues en saison (laquelle dure de juin à septembre). L'été, dans ma famille, nous mangions des tomates crues au moins deux fois par semaine et plus souvent trois ou quatre fois. Dans cette recette, l'adjonction d'un peu de fromage donne un plat plus consistant ; cela signifie que votre portion de viande ou de poisson peut être diminuée, voire supprimée. Nous achetions nos fromages de chèvre frais dans une ferme voisine, mais vous pouvez utiliser de la mozzarella, comme en Italie, ou de la feta, comme en Grèce.

INGRÉDIENTS

Mesclun ou autre salade (environ 2 poignées par personne)
4 grosses tomates lavées et coupées en rondelles

Pour la vinaigrette

2 échalotes émincées
1 cuillerée à café de moutarde
2 cuillerées à soupe de vinaigre
6 cuillerées à soupe d'huile d'olive

200 g de fromage de chèvre
Sel, poivre fraîchement moulu
1/2 botte de persil ou de basilic (hachés à la dernière minute !)

1. Disposez sur chaque assiette une couche de mesclun ou de salade. Arrangez les rondelles de tomates dessus puis salez généreusement.
2. Mélangez les ingrédients de la vinaigrette et émulsionnez-les.
3. Émiettez le fromage de chèvre sur les tranches de tomate.
4. Salez si nécessaire et poivrez à votre goût. Versez la sauce sur le dessus. Ajoutez le persil ou le basilic haché. Servez accompagné d'une tranche de pain de campagne.

Les champignons

La saison des champignons, à l'automne, apporte une nouvelle animation sur les marchés et sur la carte des restaurants. Certains proposent même des menus « dégustation » entièrement consacrés aux champignons.

Autrefois corvée saisonnière, la cueillette des champignons est devenu un passe-temps populaire et un sport d'automne. L'un des charmes du ramassage de champignons sauvages réside dans l'arôme des champs et des sous-bois arpentés. Quand j'étais petite, nous partions juste après le petit déjeuner, dans la campagne encore humide de rosée. Les feuilles mortes mouillées dégagent un parfum mystérieux et captivant ; certains vins rouges et vieux champagnes ainsi que quelques variétés de tabac me rappellent cette odeur si particulière. Si nous trouvions des champignons sans être sûrs qu'ils étaient comestibles, nous les apportions à ma grand-mère, experte en la matière ; les autres demandaient conseil au pharmacien. Respectez vous aussi cette précaution élémentaire.

Les champignons de couche cultivés de manière semi-industrielle ne sont pas réellement mauvais, mais leur saveur ne peut se comparer à celle de variétés plus rares. Vous trouverez ces champignons sauvages dans quelques épiceries fines où seul leur prix de vente risque de vous empoisonner, et sur les marchés, où ils sont chers aussi. Mais si vous ne pouvez pas en ramasser vous-même, ne vous laissez pas arrêter par leur prix : mieux vaut manger des champignons de qualité une seule fois par saison.

Grand-mère était également experte en préparation des champignons et elle avait transmis à ma mère l'art de les faire sécher et de les mettre en conserve. Préférez un bon champignon séché à un champignon frais médiocre. Cela étant, rien ne vaut un champignon fraîchement cueilli, les sauvages étant de loin les meilleurs. À la maison, les chanterelles, aussi appelées girolles, et les trompettes de la mort accompagnaient de nombreux plats printaniers, en particulier ceux à base de veau, de lapin ou de gibier. Notre recette favorite était cependant la plus simple : la fricassée de champignons sauvages. Pour la préparer on nettoie les champignons sans eau, uniquement à l'aide d'un torchon propre et sec, et d'un petit couteau. Versez un peu d'huile et de beurre dans une poêle, et, lorsqu'elle est bien chaude, faites revenir les champignons avec des échalotes très finement émincées, un peu de jus de citron, du persil, du sel et du poivre. Pour moi, cette entrée accompagnée d'un verre de champagne compte parmi les meilleurs mariages de la gastronomie. Bien des années plus tard, je devais redécouvrir ce plat au restaurant Les Crayères, le meilleur de Reims, et cela me conforta dans l'idée que ma grand-mère possédait une intuition sans faille en matière viticole et culinaire. Une amie italienne m'a enseigné depuis la recette d'un flan aux champignons, au mascarpone et au parmesan, qui se marie elle aussi à merveille avec le champagne.

L'homme apprécie les champignons depuis l'aube des temps ; les Chinois d'autrefoiss vantaient leurs bienfaits sur la flore intestinale. Aujourd'hui, même si les variétés cultivées se sont grandement améliorées, nous ne comprenons pas encore toutes les subtilités de la croissance des champignons. Alors, si vous vous trouvez à proximité d'une prairie ou d'une forêt riche en champignons (si vous les connaissez ou que vous êtes accompagné d'un cueilleur chevronné), réjouissez-vous. Non contents d'offrir une saveur et une texture agréables, les champignons ne contiennent pour ainsi dire pas de matière grasse, de sucre ni de sel. Ils représentent en revanche une précieuse source de fibres alimentaires et se révèlent plus riches en protéines que la plupart des autres légumes. Ils regorgent en outre de vitamines, notamment du groupe B, et de sels minéraux. Attention cependant : la vitamine B se dissout si les champignons cuisent dans l'eau bouillante. Il vaut donc mieux les manger crus avec un soupçon de vinaigrette (ce qui peut paraître peu engageant avec les variétés en vente dans les grandes surfaces). Renseignez-vous cependant auprès d'une personne qui connaît bien les champignons car certaines variétés comestibles sont toxiques crues. Mon avis : nous devrions tous manger des champignons régulièrement, crus, cuits ou, bien entendu, farcis.

Le saumon et autres poissons

Si vous êtes jeune et vivez en ville, sans doute pensez-vous que presque toutes les variétés de poissons sont disponibles toute l'année, en particulier le saumon. Vous en voyez partout, en particulier depuis que l'on chante ses vertus préventives contre les affections cardiovasculaires et même les rides ! Nul n'ignore plus que manger du saumon, poisson extraordinairement riche en bonnes graisses, fait baisser la tension artérielle, fluidifie le sang, dilate les vaisseaux sanguins, régule le rythme cardiaque et prévient les cancers, entre autres bienfaits. Mais vous rappelez-vous les documentaires dépeignant l'héroïque odyssée des saumons qui remontent les cours d'eau pour regagner leur lieu de naissance afin de s'y reproduire, aventure à laquelle la plupart d'entre eux ne survivaient pas ? Eh oui, le vrai saumon est lui aussi un aliment de saison.

Pour répondre à une demande en plein essor, la plupart des saumons proviennent désormais d'immenses installations de pisciculture, désastreuses pour l'environnement et produisant du saumon dépourvu des nutriments qui ont conduit le corps médical à l'estampiller « aliment miracle ». J'ai pêché le saumon en Alaska et dégusté mes prises au déjeuner. On ne saurait comparer le poisson vendu dans nos villes sous le nom de saumon avec ses cousins sauvages, qui coûtent environ deux fois plus cher : question d'offre et de demande. Il n'y a pas suffisamment de bon saumon pour tous les consommateurs. Comme dans nombre d'autres domaines, préférez la qualité à la quantité. Même si le processus de congélation lui fait perdre un peu de sa saveur et de sa texture, mieux vaut manger du saumon sauvage surgelé que du saumon d'élevage.

Difficile de trouver un restaurant dont la carte ne propose pas de saumon sous une forme ou une autre. Avant l'apparition des fermes de saumons, la matière première provenait de Norvège ou d'Écosse (cette dernière variété reste d'ailleurs la préférée des gourmets européens). La présentation la plus banale est le saumon fumé, pratique pour les dîners ou les cocktails car il ne nécessite aucune préparation. Un toast de saumon fumé arrosé d'un verre de champagne constitue une union classique, la saveur huileuse et salée du saumon se mariant à merveille avec l'acidité du champagne. Mais le saumon est un poisson accommodant : il se plie à tous les goûts. Vous pouvez par exemple ajouter quelques morceaux de bon saumon – fumé, cru ou cuit (servi chaud ou froid) – à des pommes de terre, du riz, des poireaux, du fenouil ou n'importe quel autre de vos légumes favoris. L'aneth, le basilic, le cumin, les câpres, le citron et nombre d'autres ingrédients relèvent agréablement la saveur de ce poisson. Vous pouvez aussi essayer le saumon avec une sauce à l'oseille, plat simple, élégant et facile à réaliser à la maison. Pour les amateurs de simplicité, rien ne vaut cependant le saumon à l'unilatérale, recette idéale pour les dîners de dernière minute, puisque sa préparation ne demande que six minutes.

Mon oncle Charles possédait un hôtel dans une station thermale. Lors des débuts de la nouvelle cuisine, il m'apprit quelques méthodes simples et inratables pour manger léger mais savoureux. Il proposait volontiers ce plat à ceux de ses clients qui, quoique inscrits pour une cure, avaient néanmoins envie de profiter de leurs repas de vacances. Leçon utile : nul n'a envie de payer pour se priver... Cette recette d'une simplicité biblique représentait donc selon lui une excellente alternative pour ceux qui insistaient pour achever leur repas par une omelette norvégienne, laquelle est peu ou prou le dessert glacé le plus riche que l'on puisse concevoir.

SAUMON À L'UNILATÉRALE

Pour 4 personnes

INGRÉDIENTS

4 morceaux de saumon sauvage d'environ 120 g chacun
1 cuillerée à soupe de jus de citron frais
1/2 cuillerée à café de gros sel

1. Faites chauffer une poêle antiadhésive. Placez les morceaux de saumon dans la poêle, la peau en dessous, arrosez de jus de citron, ajoutez le sel et laissez cuire environ 6 minutes à feu moyen, jusqu'à ce que la peau devienne croustillante. Coupez-en un petit morceau pour déterminer le degré de cuisson. À mon avis, pour profiter au mieux de la saveur naturelle du saumon, il faut qu'il soit rosé.
2. Servez immédiatement, agrémenté, si vous le souhaitez, d'un filet d'huile d'olive extra-vierge et d'un brin de thym frais.

Faute de saumon, on peut utiliser quantité d'autres poissons. Tous les week-ends, je m'arrange pour passer dans un grand marché, où j'achète de la raie ou du thon pêchés quelques heures plus tôt. C'est une promenade un rien malodorante, qui attire peu de non-professionnels, mais si vous essayez une fois, vous verrez la différence. Première constatation : le poisson frais ne sent pas le poisson. Et sa chair ne semble pas avoir été vernie. Les connaisseurs trouveront toutefois du poisson frais dans quelques grandes surfaces. Deuxième constatation : se vouer au poisson constitue un gain de temps car le bon poisson est la chose la plus simple du monde à cuisiner.

Coquillages, huîtres et compagnie

J'adore les coquilles Saint-Jacques, ces petites rondelles savoureuses dont la saison dure en principe de fin octobre ou début novembre jusqu'au mois de mars. Nombre de restaurants de Bretagne n'en servent d'ailleurs qu'en cette période de l'année. Un jour de novembre, je me suis attiré les foudres d'un garçon, dans l'un de mes bistrots parisiens favoris, en lui demandant bêtement :

— Que me conseillez-vous aujourd'hui ?

— Madame, les coquilles Saint-Jacques, bien entendu ! me répondit-il d'un air consterné.

Les huîtres constituent une autre expérience culinaire hors normes. Quoique nettement moins onéreuses que, par exemple, le caviar, elles dégagent une aura de sophistication absolue en ce début de XXIe siècle (au XIXe siècle, elles étaient au contraire bon marché, banales, limite prolétaires). Et quoi de plus facile à préparer ? C'est Escoffier, le légendaire cuisinier parisien, qui lança, à l'aube du XXe siècle, la mode de les servir sur un lit de glace pilée, leur coquille servant de récipients à leur suc salé. Quelques gouttes de citron et un soupçon de poivre suffisent pour relever leur saveur naturelle. Une fois initié au goût des mollusques, on devient accro à la sensation unique que produisent ces bouchées tendres et bourrées de bienfaits marins en glissant dans votre gorge. Ce n'est pas un hasard si les hédonistes associent la consommation d'huîtres à la séduction. Certains ajouteront que le véritable plaisir sensuel consiste à regarder son partenaire savourer ses huîtres.

Mon époux aime à raconter notre premier voyage en Bretagne, alors que nous étions jeunes mariés. La découverte des paysages, de la mer, des similitudes avec l'Angleterre, de l'architecture, de l'histoire... Bien entendu, tout cela m'intéressait aussi, mais, en toute franchise, j'étais beaucoup plus impatiente de goûter aux moules, aux huîtres, aux crêpes et aux merveilleuses galettes bretonnes ! Notre première étape nous conduisit dans une ravissante petite auberge au bord de la mer, non loin de bancs d'huîtres. Une petite cahute voisine en servait et, bien qu'il fût un peu tôt pour déjeuner, nous n'avions pas résisté à l'envie d'en goûter. Nous nous sommes assis là, seuls, nous avons commandé... et puis je ne me souviens plus de rien jusqu'à ce qu'Edward éclate de rire. Le regard plongé dans le plateau posé entre nous, j'avais perdu toute notion de sa présence, trop concentrée sur le parfum de l'eau de mer et de son précieux fruit qui chatouillait mes narines. Edward affirme n'avoir jamais vu personne « expérimenter » les huîtres d'une telle façon. Et il s'agissait seulement de notre seconde douzaine...

Le lendemain, je lui appris à manger correctement les moules, sans fourchette, en utilisant simplement la première coquille vide comme une pince permettant de saisir la chair des autres moules. Durant ce séjour, nous fîmes de merveilleux déjeuners pauvres en calories, et riche, en vitamines et en sels minéraux, arrosés d'un verre de muscadet. Les huîtres peuvent elles aussi constituer l'élément principal de repas étonnamment équilibrés, puisqu'elles renferment des protéines, des glucides et un petit peu de matières grasses, sans parler de leur richesse en vitamines et en oligo-éléments. Cela me surprend toujours de lire qu'une demi-douzaine d'huîtres apporte seulement soixante ou soixante-dix calories. Comme un grand amour, elles donnent énormément en retour, étonnent sans cesse et n'ennuient jamais. Lorsque nous sommes à Paris, des endroits comme le Dôme, qui en servent d'excellentes, deviennent notre QG ; aux États-Unis nous goûtons de nouvelles variétés dans les bars à huîtres qui pullulent dans mon pays d'adoption. Grâce à des méthodes de culture intelligentes et à une demande constante, mais pas excessive, la saison des huîtres est assez longue : elle dure désormais pratiquement toute l'année, avec une pointe en automne et en hiver. La règle des fameux mois en « r » ne s'applique plus guère avec les moyens de réfrigération modernes. Montrez-vous toutefois plus prudente en été et sachez-le : les huîtres peuvent en cette saison se révéler laiteuses (c'est-à-dire qu'elles sont en période de reproduction), ce qui les rend moins savoureuses. Elles figurent en bonne place sur les menus des fêtes de fin d'année et les bourriches s'entassent sur les marchés à l'approche de Noël.

Rassemblons tout cela

Composer un menu de saison devient extrêmement facile dès que l'on sait à quel moment les produits sont les meilleurs et comment les associer à ses saveurs favorites. Voici quelques exemples de menus particulièrement indiqués en phase de stabilisation. Une fois que vous aurez dépassé ce stade, vous pourrez remplacer certains de leurs éléments par des mets plus riches, par exemple du clafoutis *avec* de la pâte.

⁂ *Menu de printemps* ⁂

Petit déjeuner

Yaourt
Céréales avec des fraises
Une tranche de pain complet ou de pain multicéréales
Café ou thé

Déjeuner

Flan aux asperges (page 132)
Salade verte
Clafoutis aux cerises sans pâte (voir la recette de clafoutis aux prunes, page 116)
Boisson non calorique

Dîner

Potage aux pois
Côtelettes d'agneau de printemps grillées (page 133)
Gratin de chou-fleur (page 134)
Compote de rhubarbe
Un verre de vin rouge

FLAN AUX ASPERGES

Pour 4 personnes

INGRÉDIENTS

16 asperges
120 g de lardons grossièrement hachés
8 œufs
1/2 l de lait
250 ml de crème épaisse
8 brins de ciboule hachés
Sel, poivre fraîchement moulu

1. Débarrassez les asperges de leur partie dure (environ 5 cm) et épluchez-les. Plongez-les 5 minutes dans de l'eau bouillante salée. Égouttez-les et laissez-les refroidir. Coupez chaque asperge en tronçons de 5 à 7 cm.
2. Faites sauter les lardons dans une poêle antiadhésive jusqu'à ce qu'ils soient croquants. Posez-les sur une feuille de papier absorbant.
3. Mélangez les œufs, le lait, la crème et la moitié de la ciboule. Salez et poivrez. Préchauffez le four à 180 °C. Versez votre mixture dans un plat de 5 cm de profondeur et d'environ 25 cm de diamètre. Saupoudrez d'asperges et de lardons. Faites cuire pendant 15 à 20 minutes, jusqu'à ce que le flan prenne sans se dessécher. Servez immédiatement en décorant avec le reste de la ciboule.

N.B. Vous pouvez remplacer les lardons par de la chair de crabe fraîche ou en conserve et substituer à la ciboule du persil ou de la ciboulette.

CÔTELETTES D'AGNEAU DE PRINTEMPS GRILLÉES

Pour 4 personnes

INGRÉDIENTS

8 côtelettes d'agneau de printemps
4 cuillerées à soupe d'huile d'olive
1 cuillerée à soupe de moutarde de Dijon
4 échalotes moyennes
10 branches de menthe fraîche
Sel, poivre fraîchement moulu

1. Disposez les côtelettes d'agneau dans un plat allant au four.
2. Versez l'huile d'olive, la moutarde, les échalotes et la menthe dans le bol d'un robot ménager et mixez jusqu'à obtenir une pâte épaisse. Étalez-la sur les deux faces des côtelettes ; salez, poivrez et laissez mariner à température ambiante pendant 30 minutes.
3. Faites griller ou rôtir les côtelettes 3 minutes de chaque côté pour une cuisson rosée. Servez immédiatement.

GRATIN DE CHOU-FLEUR

Pour 4 personnes

INGRÉDIENTS

1 chou-fleur moyen
1/2 l de lait
1/2 cuillerée à café de sel
1 œuf
50 g de fromage râpé (gruyère, emmenthal, comté, parmesan, pecorino, ou un mélange de deux variétés)
1 noix de beurre
Sel, poivre fraîchement moulu

1. Épluchez le chou-fleur, séparez les bouquets et faites-les cuire dans le lait additionné d'une demi-cuillerée à café de sel jusqu'à ce qu'ils soient tendres (comptez 10 à 15 minutes). Égouttez en réservant 10 cl de lait de cuisson.
2. Disposez le chou-fleur dans un plat adapté, légèrement beurré. Battez ensemble l'œuf et le reste du lait. Ajoutez le fromage et versez le tout sur le chou-fleur. Salez, poivrez, puis parsemez la surface du plat de petits morceaux de beurre.
3. Faites gratiner jusqu'à ce que le dessus soit doré et frémissant. Servez chaud.

* Menu d'été *

Petit déjeuner

Petit déjeuner
Une fine tranche de fromage
50 g de muesli avec des myrtilles
Café ou thé

Déjeuner

Sandwich bacon-laitue-tomate
150 g de framboises
Boisson non calorique

Dîner

Poulet grillé au romarin (page 136)
Gratin de fenouil
Salade de roquette
Pêches grillées au thym citronné (page 137)
Un verre de vin, blanc ou rouge

POULET GRILLÉ AU ROMARIN

Pour 4 personnes

INGRÉDIENTS

4 poitrines de poulet avec la peau et les os
Jus d'un citron
4 cuillerées à soupe d'huile d'olive
4 gousses d'ail finement hachées
Quelques brins de romarin frais
Sel, poivre fraîchement moulu

1. Disposez les morceaux de poulet dans un plat allant au four avec la peau sur le dessus. Mélangez le jus de citron, l'huile d'olive, l'ail et les branches de romarin puis versez le tout sur le poulet. Salez et poivrez. (Vous pouvez également faire cela le matin pour le dîner ; comptez 5 minutes de préparation.) Recouvrez de film plastique et laissez mariner au moins 2 heures au réfrigérateur.
2. Laissez le poulet se réchauffer jusqu'à température ambiante avant de le faire griller, la peau au-dessus, pendant 15 minutes, puis la peau en dessous pendant 20 minutes.

PÊCHES GRILLÉES AU THYM CITRONNÉ

Pour 4 personnes

La pêche est un fruit si délicat qu'il est difficile, même en saison, de trouver des spécimens assez parfaits pour qu'on les mange crus. Pour ce dessert, cela n'a pas l'importance : même une pêche un peu dure convient, car la cuisson l'attendrira, et libérera son jus et ses saveurs.

INGRÉDIENTS

4 pêches
2 cuillerées à soupe d'huile d'olive
1 cuillerée à café de miel
1/4 de cuillerée à café d'extrait de vanille pur
4 brins de thym citronné grossièrement hachés

1. Rincez les pêches, essuyez-les, coupez-les en deux et débarrassez-les de leur noyau. Disposez les demi-pêches dans un plat allant au four. Mélangez l'huile d'olive, le miel et l'extrait de vanille, puis versez le tout sur les pêches. Saupoudrez de thym citronné. Laissez mariner pendant 20 minutes en retournant une fois et en arrosant.
2. Faites rôtir ou griller au barbecue ces pêches marinées pendant 2 à 3 minutes de chaque côté, jusqu'à ce qu'elles soient tendres mais non molles. Servez-les immédiatement, seules ou accompagnées d'une boule de glace à la vanille.

* *Menu d'automne* *

Petit déjeuner

1/2 pamplemousse
Omelette aux fines herbes et à la ricotta (page 139)
1 tranche de pain complet ou multi céréales
Café ou thé

Déjeuner

Potage surprise aux lentilles (page 154)
Salade Caesar
Prunes
Boisson non calorique

Dîner

Flétan en papillote (page 140)
Timbale de champignons
Poires pochées à la cannelle (page 141)
Un verre de champagne ou de vin blanc

OMELETTE AUX FINES HERBES ET À LA RICOTTA

Pour 4 personnes

Je trouve cette recette idéale pour les petits déjeuners et brunches du week-end, en particulier quand on reçoit des amis à la maison. C'est un plat principal consistant, surtout si l'on propose auparavant des fruits et du pain. Il présente l'avantage supplémentaire de pouvoir se préparer juste avant de passer à table et il s'accommode de toutes les variétés de pain.

INGRÉDIENTS

2 cuillerées à soupe de chacune des fines herbes fraîches suivantes : persil, ciboulette, estragon et coriandre
1 échalote émincée
1 pincée de piment de Cayenne
1 cuillerée à soupe d'huile d'olive
10 œufs
2 cuillerées à soupe d'eau
Sel, poivre fraîchement moulu
1 noisette de beurre
4 cuillerées à soupe de ricotta ou de mascarpone

1. Lavez et hachez les fines herbes puis mélangez-les avec les échalotes et le piment. Faites chauffer l'huile d'olive dans une poêle antiadhésive, ajoutez le mélange d'herbes et laissez cuire 1 minute sans cesser de remuer. Retirez de la poêle et réservez.
2. Battez ensemble les œufs et l'eau. Ajoutez les herbes sautées, salez et poivrez. Faites fondre le beurre dans la poêle et versez-y l'appareil et les herbes. Remuez jusqu'à ce que l'omelette commence à prendre, puis ajoutez le fromage. Laissez cuire 3 ou 4 minutes à feu très doux et servez immédiatement, ou bien tiède.

FLÉTAN EN PAPILLOTE

Pour 4 personnes

Cet autre plat simple peut se préparer à l'avance et se glisser dans le four tandis que vos invités dégustent l'entrée. Je crois fermement à l'importance de manger du poisson une ou deux fois par semaine. Mais j'ai remarqué que quantité de cuisinières novices sont intimidées à l'idée de préparer du poisson, en particulier du poisson entier, si bien que je suis toujours en quête de préparations élémentaires et rapides. Vous pouvez remplacer le flétan par d'autres poissons comme la sole, le saumon, la morue, le bar ou l'espadon. Le temps de cuisson sera plus court avec des poissons plus fins comme la sole et plus long avec des poissons plus denses comme l'espadon.

INGRÉDIENTS

2 cuillerées à soupe d'huile d'olive
4 filets de flétan d'environ 120 g chacun
1 verre de champagne (je recommande, bien sûr, du Veuve Clicquot brut étiquette jaune)
8 brins de thym frais
8 tranches fines de citron
8 brins de persil
2 cuillerées à café de graines de fenouil
Sel, poivre fraîchement moulu

1. Découpez du papier sulfurisé (ou du papier aluminium) en 8 morceaux assez grands pour recouvrir chaque filet de poisson en laissant une bordure de 5 cm tout autour. Huilez légèrement 4 de ces morceaux de papier. Préchauffez le four à 180 °C.
2. Placez chaque filet de poisson au centre d'un carré de papier huilé et arrosez-le de champagne. Ajoutez 2 brins de thym, 2 tranches de citron, 2 brins de persil et 1/2 cuillerée à café de graines de fenouil. Salez et poivrez. Posez les feuilles de papier sulfurisé restantes sur les filets de flétan assaisonnés et repliez-en les bords de façon à former de petites enveloppes. Il suffit de plier deux fois chacun des quatre côtés pour obtenir un paquet solide. Placez ces papillotes sur une plaque de cuisson et mettez-les à cuire dans le four préchauffé, pendant 10 à 15 minutes.
3. Servez en disposant chaque papillote dans une assiette. Laissez vos invités les ouvrir eux-mêmes et arroser leur poisson avec son jus de cuisson. Un jeu en plus de la saveur !

N.B. Vous pouvez remplacer le champagne par du vin blanc sec ou du vermouth sec.

POIRES POCHÉES À LA CANNELLE

Pour 4 personnes

INGRÉDIENTS

4 poires (variété « Bosc »)
Jus d'un citron
1 cuillerée à soupe de sucre mélangée avec 1/4 de cuillerée à café de cannelle
2 cuillerées à soupe d'eau (ou d'eau-de-vie de poire ou de muscat Beaumes-de-Venise)

1. Épluchez les poires, coupez-les en quatre, puis détaillez-les en fines tranches, une par une. Disposez ces tranches au fond d'une casserole de 16 cm de diamètre. Une fois que vous avez étalé l'équivalent d'une poire, arrosez l'ensemble de jus de citron et d'un peu du mélange sucre-cannelle. Après avoir achevé la quatrième couche, rajoutez l'eau, ainsi que le reste du jus de citron et du mélange sucre-cannelle.
2. Laissez cuire à feu moyen jusqu'à ébullition, puis laissez mijoter à feu doux jusqu'à ce que les poires soient tendres mais non molles. Servez-les tièdes. Je prépare souvent ce dessert pour quatre quand nous sommes seuls et je conserve les deux portions restantes au réfrigérateur ; deux jours plus tard, je les sors pendant la préparation du dîner et je les sers à température ambiante accompagnées de petits biscuits ou d'une cuillerée à café de mascarpone.

* *Menu d'hiver* *

Petit déjeuner

1 tranche de jambon de Parme ou de pays
Porridge de grand-mère Louise aux pommes râpées (voir page 143)
1/2 muffin anglais
Café ou thé

Déjeuner

Veau au parmesan
Courge
Kiwi
Boisson non calorique

Dîner

Soupe aux légumes de maman (page 150)
Saumon à l'unilatérale (page 126)
Salade de mâche ou d'endives
Ananas grillé (page 144)
1 verre de vin rouge léger

PORRIDGE DE GRAND-MÈRE LOUISE AUX POMMES RÂPÉES

Pour 2 à 4 personnes

Lorsque nous rendions visite à ma grand-mère sous les neiges alsaciennes, elle nous préparait ce petit déjeuner aussi savoureux que roboratif, riche en fibres et en nutriments issus des fruits. Cette recette demeure un de mes petits déjeuners hivernaux préférés : de la vraie bouillie pour adultes. Ma grand-mère servait en général ses flocons d'avoine avec de la brioche encore chaude ou du kouglof (un merveilleux gâteau aux raisins et aux amandes typiquement alsacien). Aujourd'hui, ce porridge me paraît constituer un repas à soi seul et je me passe de pain. Si j'éprouve l'envie d'un supplément de protéines, je mange aussi quelques bouchées de fromage ou un peu de yaourt.

INGRÉDIENTS

150 g de flocons d'avoine à l'ancienne
30 cl d'eau
1 pincée de sel
1 pomme moyenne grossièrement râpée
1/2 cuillerée à café de jus de citron
80 ml de lait
1/2 cuillerée à café de beurre

1. Mélangez les flocons d'avoine, l'eau et le sel dans une casserole de taille moyenne. Portez à ébullition.
2. Ajoutez la pomme râpée et le jus de citron, et laissez cuire pendant environ 5 minutes en remuant de temps à autre.
3. Ajoutez le lait et le beurre. Mélangez bien et laissez encore cuire 1 minute. Servez immédiatement, éventuellement agrémenté d'un peu de sucre roux ou d'un filet de sirop d'érable.

ANANAS GRILLÉ

Pour 4 personnes

INGRÉDIENTS

4 tranches d'ananas (frais et mûr) de 3 à 4 cm d'épaisseur sans la peau
Jus de 2 citrons
2 cuillerées à café de miel
Poivre fraîchement moulu

1. Dessinez au couteau un quadrillage sur chacune des tranches d'ananas, afin d'obtenir une jolie présentation quand il sera grillé. Faites-le rôtir jusqu'à ce qu'il prenne une belle couleur caramel, mais veillez à ne pas le laisser brûler.
2. Dans une petite casserole, faites bouillir le jus de citron et le miel pendant 2 à 3 minutes. Laissez refroidir, poivrez à votre goût et versez sur les tranches d'ananas. Servez immédiatement tel quel ou avec de la glace à la verveine.

N.B. Si vous servez ce dessert le week-end au déjeuner après une grande salade composée, vous pouvez remplacer la glace par du fromage de chèvre frais ou de la ricotta. Vous perdrez la saveur sucrée-juteuse-poivrée, mais le côté poivré sera plus présent et le mélange fromage-ananas d'une agréable originalité.

7

RECETTES SUPPLÉMENTAIRES POUR TROMPER L'ENNEMI

La saisonnalité – manger les meilleurs produits au meilleur moment – et les assaisonnements – l'art de choisir et de combiner les saveurs relevant les aliments – représentent un atout vital dans votre lutte contre le pire ennemi de l'amateur de bonne chère : non pas les calories, mais l'ennui. Si vous mangez la même chose préparée de la même façon encore et toujours, il vous faudra bientôt en manger plus pour en tirer le même plaisir. Considérez cela comme une sorte d'accoutumance gustative. De même, si votre repas comporte une seule saveur – un grand plat de pâtes ou une grosse pièce de viande –, vous en mangerez inévitablement trop, cherchant dans le volume la satisfaction autrement offerte dans le mélange de saveurs et de textures résultant d'un repas bien pensé.

Ne croyez pas que ce genre de mesure prenne beaucoup de temps. Point n'est besoin de consacrer tous ses loisirs à imaginer de nouvelles créations ;

il suffit de maîtriser quelques trucs. De la même façon qu'un foulard peut se draper sur la tête, autour du cou, sur les épaules ou autour de la taille, quelques préparations culinaires de base et un zeste d'improvisation permettent de donner à un vieux classique un air de nouveauté. Il suffit de modifier légèrement le mode de préparation ou l'assaisonnement du plat, ou encore de préparer à partir des restes du déjeuner un mets différent à consommer quelques repas plus tard. Il s'agit en somme de manipuler vos cinq sens et la façon dont ils réagissent à ce que l'on dispose devant eux. Optez par exemple pour une tomate jaune plutôt que pour les tomates rouges habituelles. La variété visuelle, la couleur et la présentation sont, je ne le répéterai jamais assez, des facteurs trop souvent sous-estimés de satisfaction alimentaire. En composant un menu, pensez à vos cinq sens, afin de rechercher une satisfaction maximale pour un apport calorique minimal.

Bien souvent, nous ne mangeons pas du tout ce que nous croyons. Prenez le sucre, par exemple : on n'en trouve pas seulement dans les desserts. Le vieux truc de cuisinière recommandant d'en ajouter une pincée à la sauce tomate, afin de contrecarrer l'acidité de ce fruit, est aujourd'hui devenu la norme dans la plupart des chaînes de restaurants. On observe la même tendance à l'édulcoration avec les vinaigres balsamiques. Voici dix ans, ce type de vinaigre était une rareté, chose logique étant donné que le véritable vinaigre balsamique est rare et très onéreux. Mais la demande s'étant développée, bien des restaurants utilisent sans complexe un pseudo-vinaigre « balsamique », dans lequel l'adjonction de caramel et de colorants masque l'absence des saveurs inimitables qui font la spécificité du vinaigre de Modène. Les corps gras sont un autre des éléments utilisés par les cuisiniers pour tromper les papilles de leurs clients. Lorsqu'un ingrédient laisse à désirer, ils ajoutent du beurre, par exemple.

En dépit de sa réputation, la vraie cuisine française utilise assez peu de corps gras et mise plutôt sur d'autres ingrédients pour atteindre l'harmonie gustative. Elle se montre encore plus parcimonieuse s'agissant du sucre. Or supprimer ces adjuvants implique que l'on dispose d'ingrédients de qualité. Ainsi des tomates fraîches mûries au soleil contiennent-elles naturellement toute la douceur souhaitable. Mais on ne peut imiter une bonne tomate... En un mot comme en cent, choisissez de bons produits de saison pour bâtir vos menus autour d'eux.

Comment, alors, tromper ses papilles dans le bon sens ? Le mot d'ordre est la simplicité. Au restaurant, j'aime commander des mets complexes et savants. Je demande néanmoins toujours au serveur comment la recette est préparée. Cette précaution n'exige aucune expertise particulière mais permet d'éliminer des centaines de calories par repas. En revanche, quand je cuisine chez moi – cela m'arrive plusieurs fois par semaine –, je recherche le meilleur rapport résultat-effort ! Rien ne me ravit plus que de recueillir des « Oh ! » admiratifs quand j'ai tout juste jeté quelques ingrédients ensemble dans une poêle.

Les recettes qui suivent me viennent principalement de ma famille. Dans chacune d'elles, j'ai cherché à illustrer une astuce différente pour manger simple et avec bonheur. J'ai aussi indiqué des variations faciles qui permettent de donner à une même recette des visages très différents, en montrant comment tirer parti des restes d'un plat comme base pour un repas ultérieur. Faire la cuisine une fois et manger pendant trois jours : voilà ma devise.

La présentation de ces mets revêt une importance capitale. Certains ingrédients offrent un stimulation sensorielle telle qu'ils n'ont besoin d'aucun adjuvant, au moins lors des repas les plus légers de la journée. Un accompagnement simple comme du pain, par exemple, suffit. D'autres sont en revanche suffisamment intéressants pour constituer une entrée : ils ouvrent l'appétit sans les contenter de façon décisive.

Si vous prenez à midi un repas complet arrosé de vin, par exemple le menu du jour au restaurant, songez à compenser au repas suivant par un potage. Vous pouvez en prendre l'équivalent de 250 ml en guise d'entrée ou encore entre l'entrée et le plat principal. Après tout, le menu bourgeois typique du XVIIIe siècle comportait potages, hors-d'œuvre, relevés de potages, entrées, rôtis, entremets, desserts, café et pousse-café ! Peu d'entre nous mangent autant aujourd'hui... Si vous envisagez de servir un déjeuner plantureux, laissez donc à un potage la place centrale dans votre dîner. Vous pouvez le manger avec un peu de pain et de fromage. Si le dîner est le gros repas de la journée, prenez une soupe ou une salade à midi. Si vous êtes gourmand à midi, soyez plus frugal le soir, et vice-versa. Notez que, de nos jours, on sert plus souvent les potages dans des bols à consommé que dans des assiettes à soupe.

Potages et entrées

Chacune des recettes ci-dessous peut se décliner de deux manières différentes. Si vous en faites l'élément principal du repas le plus léger de la journée, augmentez un tantinet le volume des portions ; s'il s'agit d'une entrée dans le cadre d'un repas plus copieux, ayez au contraire la main légère. N'oubliez pas qu'une entrée est censée ouvrir l'appétit : on ne doit pas commencer à se sentir rassasié avant même l'arrivée du plat principal.

SOUPE AUX LÉGUMES DE MAMAN

Pour 8 à 12 personnes

L'été, nous consommons les potages glacés, l'hiver, brûlants. Une théorie affirme que les personnes qui prennent du potage presque tous les soirs s'alimentent mieux et moins. Il s'agit de commencer la journée par un bon petit déjeuner, avec un déjeuner complet suivi d'un dîner plus léger, mais non moins savoureux. Les « soupeurs » tendent à absorber globalement moins de matières grasses et de nourriture en général. Rassasiés, ils passent une bonne nuit et s'éveillent le matin prêts pour un « vrai repas » qui les mènera jusqu'à midi.

Les recettes de soupe de ma mère variaient en fonction des produits de notre jardin. En général, elle préparait ses potages de légumes le jeudi – jour où elle disposait de plus de temps pour cuisiner –, les servait à midi accompagnés de crêpes aux pommes de terre pour les femmes de la famille et de crêpes aux pommes pour ces messieurs (ils préféraient cette variante). Nous nous accordions tous pour dire que la soupe de Mamie était la meilleure, en raison des touches finales apportées par ses soins.

INGRÉDIENTS

2 pommes de terre
1 oignon épluché et coupé en quatre
2 gousses d'ail épluchées
Sel, poivre fraîchement moulu
4 poireaux (le blanc et la partie vert tendre uniquement)
1/2 chou de petite taille
3 côtes de céleri-branche
2 navets
4 carottes
4 cuillerées à soupe de beurre

1. Épluchez et lavez les pommes de terre, et coupez-les en grosses rondelles. Placez-les dans une casserole et recouvrez-les d'eau. Ajoutez l'oignon et l'ail, salez et poivrez. Portez à ébullition, puis baissez le feu et laissez frémir jusqu'à ce que les pommes de terre soient tendres (environ dix minutes). Égouttez et réservez.
2. Nettoyez les autres légumes et coupez-les en tranches ou en dés. Faites fondre le beurre dans un faitout de 15 l et laissez les légumes « suer » au fond pendant 5 minutes en remuant régulièrement. Cette technique permet d'éliminer les arômes les plus agressifs des légumes frais.
3. Ajoutez les tomates en conserve, les pommes de terre, l'oignon et l'ail, puis recouvrez le tout d'eau. Ajoutez le persil, le thym et le laurier et laissez cuire jusqu'à ce que les légumes soient tendres. Retirez les feuilles de laurier. Égouttez les légumes en réservant le jus de cuisson.

1 grosse boîte de tomates en conserve (entières ou en morceaux)
2 brins de persil
2 brins de thym frais
2 feuilles de laurier

4. Passez les légumes au presse-purée (grille fine). Allongez le potage obtenu avec le jus de cuisson jusqu'à obtenir la consistance souhaitée (la soupe ne doit être ni trop liquide, ni trop épaisse).
5. Rectifiez l'assaisonnement et ajoutez les fines herbes de votre choix.

INGRÉDIENTS

1 oignon épluché et coupé en fines rondelles
1 noix de beurre
4 cuillerées à soupe de crème fraîche
1 pincée de noix de muscade râpée de frais
Sel, poivre fraîchement moulu

PETITES TOUCHES FINALES OPTIONNELLES

Portez le potage à ébullition. Faites revenir l'oignon dans une poêle avec une noix de beurre. Ajoutez-le à la soupe, ainsi que la crème fraîche et la noix de muscade. Rectifiez l'assaisonnement et servez aussitôt.
Vous pouvez aussi réserver 300 g de légumes avant de passer le reste au presse-purée, puis les replonger dans la soupe juste avant de la servir. Ces légumes croquants offriront un contraste savoureux avec la texture veloutée du potage ; ils vous obligeront aussi à manger plus lentement, donc moins. Mamie servait cette version le soir, réservant à l'heure du déjeuner la version lisse accompagnée de crêpes succulentes.
Vous pouvez aussi jouer avec des épices comme le clou de girofle ou le cumin moulus, ou encore le curcuma.

Deuxième service : ma mère mettait de côté la moitié de la soupe avant d'y ajouter sa touche personnelle. Elle nous servait le reste deux jours plus tard, ajoutant une saucisse revenue dans un peu d'huile avant de la couper dans la soupière. Voici un autre exemple de plat simple, sain et nourrissant pour le soir, ne demandant pas plus de 15 minutes de préparation.

SOUPE D'ÉTÉ FROIDE AU YAOURT ET À LA BETTERAVE

Pour 4 personnes

Cette épaisse soupe glacée remportait toujours un franc succès à la table de ma cousine provençale. Facile à préparer, facile à servir, rafraîchissante mais consistante, elle est en outre, grâce à la présence du yaourt, assez riche en protéines pour permettre de faire l'impasse sur un plat de viande ou de poisson au cours du repas. Les betteraves (en saison du printemps à l'automne) sont riches en fibres et leur couleur rouge sombre attire l'œil. Ce plat peut faire office d'entrée d'été, au dîner, ou de plat principal au déjeuner.

INGRÉDIENTS

4 betteraves moyennes, cuites, épluchées et coupées en quatre
250 g de yaourt (voir page 175-177)
2 échalotes épluchées et émincées
1 soupçon de cumin
Sel, poivre fraîchement moulu
1 cuillerée à café d'aneth frais ciselé

1. Mélangez les betteraves (elles doivent être encore un peu solides), le yaourt, les échalotes et le cumin. Salez et poivrez à votre goût. Réfrigérez le tout pendant 3 à 4 heures.
2. Servez ce potage glacé dans des bols individuels garnis d'aneth ciselé. Avec une tranche de pain et un fruit (fraises ou melon) en guise de dessert, cette recette constitue un excellent déjeuner d'été.

CÉLERI RÉMOULADE

Pour 4 personnes

Ce classique de la cuisine familiale et de la cuisine de bistrot constitue une excellente entrée d'automne ou d'hiver. Le céleri-rave peut aussi entrer dans la préparation des potages ou se mêler à des pommes de terre pour donner une purée plus raffinée. Braisé, il accompagne à merveille le canard ou le gibier. À la maison, on servait traditionnellement en même temps que le céleri rémoulade des carottes râpées avec une sauce vinaigrette et nous dégustions toujours celles-ci en premier... gardant pour la bonne bouche cette recette savoureuse.

INGRÉDIENTS

1 cuillerée à café de moutarde
1 cuillerée à soupe de vinaigre de vin rouge
1 cuillerée à soupe de jus de citron
1 cuillerée à soupe de persil haché
1 cuillerée à soupe de cornichons hachés
Sel, poivre fraîchement moulu
10 cl de mayonnaise
450 g de céleri-rave épluché, coupé en quatre puis râpé à l'aide d'un robot ménager, à additionner aussitôt d'une cuillerée à café de jus de citron pour éviter qu'il noircisse

1. Préparez la sauce rémoulade dans un bol en mélangeant la moutarde, le vinaigre, le jus de citron, le persil et les cornichons. Salez et poivrez à votre goût.
2. Ajoutez la mayonnaise puis le céleri-rave. Rectifiez l'assaisonnement et placez au réfrigérateur.
3. Sortez le plat du réfrigérateur 20 minutes avant de servir et remuez le céleri pour lui redonner du volume. Servez accompagné d'une tranche de pain de campagne.

N.B. Vous pouvez remplacer le persil par de la ciboule, de l'estragon ou un mélange de fines herbes fraîches, mais ce ne sera plus une rémoulade classique.

POTAGE SURPRISE AUX LENTILLES

Pour 4 personnes

Lorsque nous étions petits, mes cousins et moi avions décrété, pour quelque raison obscure, que nous n'aimions pas les lentilles. Comme, en revanche, nous appréciions les poireaux et les saucisses, tante Berthe mit au point le stratagème qui suit.

INGRÉDIENTS

250 g de lentilles
1 blanc de poireau lavé et haché
3 céleris-branche lavés et hachés
1 carotte lavée et hachée
1 oignon piqué d'un clou de girofle
1 feuille de laurier
Sel, poivre fraîchement moulu
4 saucisses de Strasbourg
2 noix de beurre
2 cuillerées à soupe de farine

1. Versez les lentilles dans un faitout avec 1/2 l d'eau. Portez à ébullition.
2. Ajoutez le reste des légumes et les aromates. Laissez cuire pendant 1 heure.
3. Juste avant de servir, coupez les saucisses en gros tronçons et faites-les revenir dans une noix de beurre. Ajoutez-les aux lentilles. Faites fondre l'autre noix de beurre avec la farine pour obtenir un roux blanc qui servira à épaissir le potage. Goûtez et rectifiez l'assaisonnement.

CANAPÉS DE POMMES DE TERRE AU CAVIAR

Pour 4 personnes

Comme vous le savez sans doute, on n'utilise pas les mêmes pommes de terre pour préparer des frites, de la purée, des pommes de terre sautées, etc. Les marchés en proposent de nombreuses variétés. Ma mère les achetait par grands sacs qu'elle stockait à la cave. Nous ne cultivions nous-mêmes que les petites et fermes charlottes, dont Mamie affirmait qu'elles se mariaient à merveille au caviar ! Ce délice onéreux habille en effet élégamment les plébéiennes pommes de terre : une solution idéale, par exemple, pour un dîner impromptu. Vous pouvez remplacer le caviar par du caviar pressé, des œufs de saumon ou tout simplement de la ciboulette hachée.

INGRÉDIENTS

4 pommes de terre charlotte
100 ml de crème fraîche
Sel, poivre fraîchement moulu
100 g de caviar

1. Rincez les pommes de terre et placez-les dans de l'eau légèrement salée jusqu'à qu'elles soient cuites (elles ne doivent pas se défaire). Égouttez-les et coupez-les en tranches de 2,5 cm d'épaisseur.
2. Salez et poivrez la crème fraîche à votre goût et tartinez-en les rondelles de pommes de terre. Garnissez-les ensuite de caviar. Servez aussitôt.

RATATOUILLE

Pour 12 personnes

Autre classique réinterprété par ma mère à partir de la recette fournie par notre cousine Andrée d'Aix-en-Provence, que j'aime à préparer l'été – où l'on trouve le plus grand choix de légumes parfumés. Cette recette suffit pour trois repas. La saveur de la ratatouille vient de ses composants, puisqu'elle se prépare quasiment sans adjonction de matières grasses. Pour laisser les arômes se développer au mieux, faites-la cuire très lentement.

INGRÉDIENTS

1,5 kg de tomates
1,5 kg de courgettes
1,5 kg d'aubergines
12 gousses d'ail
1 botte de persil (et/ou de basilic)
Sel, poivre fraîchement moulu
2 cuillerées à soupe d'huile d'olive extra-vierge

Pour la garniture

persil ou basilic haché

Pour les variantes

Parmesan
Pâte à pizza
Œuf
Cette première version se sert en potage à température ambiante.

1. Lavez les tomates, les courgettes et les aubergines, et détaillez-les en tranches épaisses.
2. Disposez les légumes en couches successives dans un faitout ou une cocotte à fond épais : aubergines, tomates, puis courgettes. Répétez jusqu'à ce que le récipient soit rempli presque à ras bord. Intercalez les gousses d'ail et les brins de persil entre les couches de légumes. Salez et poivrez.
3. Couvrez et faites cuire à feu très doux jusqu'à ce que les légumes soient tendres (comptez environ 2 heures à 2 h 30).
4. Laissez refroidir et servez vingt minutes plus tard dans des assiettes ou des bols à soupe car, à ce stade, la ratatouille ressemble plus à un potage qu'à un ragoût. Rectifiez l'assaisonnement, versez un trait d'huile d'olive extra-vierge et garnissez de persil et/ou de basilic fraîchement hachés.

Cette seconde version permet d'utiliser les restes de ratatouille en garniture d'un plat de poulet ou de viande.

1. Faites chauffer 2 cuillerées à soupe d'huile d'olive et versez le reste de la ratatouille égouttée au préalable (vous pouvez réserver le liquide obtenu pour le boire tiède plus tard[1]).
2. Laissez cuire à feu doux à moyen jusqu'à réduction du mélange.
3. Facultatif : vous pouvez ajouter 50 g de fromage râpé (parmesan, comté ou toute autre variété de votre choix).

Cette dernière version utilise les restes de ratatouille comme garniture de pizza. Elle est parfaite à midi ou en entrée.

1. Achetez de la pâte à pizza ou confectionnez-la vous-même (avec de la farine, de la levure, du sel et de l'eau).
2. Battez un œuf dans un reste de ratatouille (non additionné de fromage râpé).
3. Étalez le mélange de légumes et d'œuf en garniture sur la pâte à pizza.
4. Ajoutez un peu de parmesan fraîchement râpé et faites cuire au four comme une pizza ordinaire.

1. Attention : si vous conservez ce breuvage pendant plus de 24 heures, veillez à le faire bouillir de nouveau pendant 10 minutes, faute de quoi vous risquez d'ingérer un véritable « bouillon de culture ».

Plats principaux

Comme leur nom l'indique, ils constituent l'élément essentiel du repas. Ils représentent aussi souvent les premiers coupables de nos excédents pondéraux. Nous avons en effet tendance à en prévoir des quantités plus importantes que, par exemple, pour les entrées, voire à limiter les repas à ces plats. Or, comme on l'a vu, la variété des saveurs joue un rôle de premier plan dans la sensation de satiété. De ce fait, manger de petites portions de plusieurs mets favorise la sveltesse, car cela sollicite plus votre vue, vos papilles, votre odorat – en somme, votre cerveau. L'idéal : une succession de stimulations gustatives.

OMELETTE AUX FLEURS DE COURGETTE

Pour 4 personnes

Vers la fin du printemps et le début de l'été, ma liste de courses comprend presque toujours des fleurs de courgette. Quand j'en achète au marché, un(e) autre client(e) me demande immanquablement ce que je compte en faire et comment cela se déguste. Manifestement, peu de gens savent les cuisiner, hormis dans le Midi de la France ou en Italie. Je les intègre pour ma part à des omelettes : et voilà une recette rapide et équilibrée... avec une touche de chic !

INGRÉDIENTS

16 fleurs de courgette
10 œufs
2 cuillerées à soupe d'eau
Sel, poivre fraîchement moulu
1 noix de beurre
150 g de fromage de chèvre frais ou de ricotta
Fines herbes pour la décoration

1. Rincez les fleurs de courgette et essuyez-les délicatement à l'aide d'un torchon propre.
2. Battez les œufs avec l'eau, puis ajoutez les fleurs de courgette. Salez et poivrez.
3. Faites fondre le beurre dans une poêle antiadhésive ; quand il est bien chaud, versez-y l'omelette. Baissez le feu. Quand l'omelette commence à prendre, parsemez-la de petits morceaux de fromage. Laissez cuire à feu très doux. Retirez l'omelette du feu alors qu'elle est encore baveuse (ne la laissez pas se dessécher). Servez-la immédiatement, garnie de fines herbes.

ENDIVES AU JAMBON SANS BÉCHAMEL

Pour 4 personnes

Voici un autre déjeuner du samedi ou un dîner en semaine d'hiver. Ce plat assure un apport adéquat en légumes, en protéines et en matières grasses, et se prépare plus rapidement qu'une recette de viande ou de poisson ; il se révèle aussi beaucoup plus économique. En plus, nous adorions tous ces endives. Ma mère appelait la sauce qui les accompagnait « béchamel du Sud », à la fois parce qu'elle contenait des tomates et parce qu'elle était plus légère et plus digeste que la classique sauce béchamel. Une salade et un fruit suffisent pour compléter le repas.

INGRÉDIENTS

4 endives
Sel
4 tranches de jambon blanc maigre
1 grande boîte de coulis de tomate
50 g d'emmenthal coupé en dés
50 g de parmesan râpé
1 noix de beurre

1. Rincez les endives, coupez leur trognon et faites-les cuire dans de l'eau bouillante salée, jusqu'à ce qu'elles deviennent tendres. Égouttez-les.
2. Préchauffez le four à 190 °C. Enroulez chacune des endives dans une tranche de jambon et disposez-les dans un plat à gratin. Versez la sauce tomate et saupoudrez de fromage râpé, ainsi que de petits morceaux de beurre.
3. Mettez au four pendant 20 minutes et terminez par 1 minute sous le gril (ou en remontant au maximum la grille de votre four) afin de donner à ce plat une jolie couleur dorée. Servez ces endives chaudes avec une salade verte et du pain de campagne.

Au printemps, vous pouvez préparer cette recette avec des asperges. Comptez environ cinq asperges pour remplacer une endive.

CÔTES DE PORC AUX POMMES

Pour 4 personnes

Notre verger comptait quantité de pommiers de variétés diverses : nous disposions donc de fruits tout l'hiver. Je consommais principalement ces pommes en guise d'en-cas ou en dessert (par exemple, dans la recette de tarte aux pommes sans pâte du Dr Miracle). Je vous indique ici une savoureuse recette pour les servir en plat principal. En un tournemain, vous aurez réalisé une recette nutritive sucrée-salée, qui associe glucides, protides et lipides en un joyeux pied de nez aux idéologies diététiques du moment !

INGRÉDIENTS

4 côtes de porc (ou de veau, si vous préférez)
4 clous de girofle
1 verre de vin blanc sec ou de vermouth sec
4 feuilles de céleri-branche
2 feuilles de laurier
4 branches de céleri nettoyées et coupées en petits dés
1 noix de beurre
2 pommes débarrassées de leur trognon, épluchées et coupées en tranches
1 cuillerée à soupe de sucre roux
100 g d'emmenthal ou de gruyère grossièrement râpé

1. Préchauffez votre four à 190 °C. Beurrez un plat à gratin et disposez les côtes de porc dedans.
2. Piquez chaque morceau de viande d'un clou de girofle. Ajoutez le vin blanc, les feuilles de céleri et de laurier ; placez le tout dans le four préchauffé et laissez cuire 20 minutes.
3. Pendant que les côtes de porc dorent, faites revenir les morceaux de céleri-branche dans du beurre pendant 5 minutes, ajoutez les pommes en tranches et saupoudrez de sucre roux. Laissez mijoter 10 minutes à feu très doux jusqu'à ce que les pommes soient cuites, mais pas en compote.
4. Terminez la cuisson des côtes de porc : retirez les feuilles de laurier et de céleri, et saupoudrez la viande de fromage râpé. Arrosez puis laissez dorer pendant quelques minutes sous le gril ou en haut du four.
5. Versez quelques cuillerées du jus de cuisson des côtes de porc sur le mélange de céleri et de pommes, que vous servirez en garniture.
   Suggestion : précédez cette recette d'un consommé et terminez le repas avec un flan.

POISSON AUX AMANDES

Pour 4 personnes

Quand j'étais enfant, je ne raffolais guère du poisson, mais j'adorais les noix. Ma mère, consciente de l'importance de ces deux catégories d'aliments pour un bon équilibre alimentaire, mit au point cette recette de poisson « déguisé ».

INGRÉDIENTS

60 g d'amandes effilées
2 cuillerées à soupe d'huile d'olive
2 noix de beurre
4 filets de poisson (flétan, lotte, cabillaud ou empereur) avec leur peau (environ 115 g chacun)
Sel, poivre fraîchement moulu
Jus d'un citron
1 botte de persil haché

1. Faites dorer les amandes à feu moyen dans une poêle antiadhésive. Réservez.
2. Dans une poêle, faites chauffer le beurre et l'huile d'olive. Ajoutez les filets de poisson, la peau au-dessus. Salez et poivrez. Laissez cuire 4 minutes, puis retournez-les et faites-les cuire 4 minutes sur l'autre face. Disposez le poisson dans un plat de service chaud et recouvrez-le de papier aluminium.
3. Déglacez la poêle avec le jus de citron et versez la sauce obtenue sur le poisson. Garnissez de persil haché et d'amandes dorées. Servez aussitôt.

MAGRETS DE CANARD À LA GASCONNE

Pour 4 personnes

À la maison, on mangeait rarement des magrets de canard car ma mère achetait le plus souvent des canards entiers et les servait rôtis. Cette recette me vient donc de mon oncle Charles, qui l'avait imaginée pour les clients de son établissement thermal. Les magrets cuisent sans beurre ni huile, le secret de leur saveur résidant dans une « marinade » sèche. L'appellation « à la gasconne », évoquant tout sauf un mets allégé, visait à tromper les dîneurs. Avant même d'y goûter, ils s'attendaient à découvrir les délices de la gastronomie du Sud-Ouest...

INGRÉDIENTS

1 pincée de gros sel
1 pincée de feuilles de laurier séchées et émiettées
1 pincée de feuilles de thym séchées et émiettées
1 cuillerée à café de persil haché
2 gousses d'ail épluchées et coupées en rondelles
1/2 cuillerée à soupe d'échalote finement hachée
8 grains de poivre noir grossièrement écrasés
4 magrets de canard

1. Mélangez dans un grand plat creux le sel, le laurier et le thym, le persil haché, l'ail, l'échalote et les grains de poivre. Roulez les magrets de canard dans cette mixture, puis étalez-les au fond du plat, la peau sur le dessus.
2. Recouvrez de film plastique et placez au réfrigérateur pendant 24 heures en retournant les magrets une fois.
3. Retirez les magrets de cette « marinade ». Essuyez-les pour ôter l'excédent d'assaisonnement et épongez-les à l'aide de papier absorbant. Jetez la « marinade ». Disposez les magrets la peau en dessous sur une plaque de cuisson et placez celle-ci à 10 cm au-dessous du gril pendant 2 minutes, puis retournez les magrets. Laissez-les cuire pendant 3 ou 4 minutes (un peu plus pour des morceaux plus épais). Ils doivent être juste rosés.
4. Posez alors les magrets sur une planche à découper et laissez-les reposer pendant 2 ou 3 minutes. Détaillez-les en tranches fines légèrement de biais et servez.

SALADE DE CANARD À L'ORANGE

Pour 4 personnes

Cette recette se prépare avec les restes de magrets de canard à la gasconne conservés au réfrigérateur.

INGRÉDIENTS

2 oranges sans pépins
1 cuillerée à café de moutarde de Dijon
3 cuillerées à soupe de vinaigre de vin rouge
6 cuillerées à soupe d'huile d'olive (plus 1 autre pour arroser le plat)
250 g de salade (mesclun additionné de roquette ou frisée et feuille de chêne rouge)
3 cuillerées à café d'échalote hachée
250 g de haricots verts éboutés et ébouillantés
2 magrets cuits à laisser se réchauffer pendant la préparation de la salade

1. Épluchez les oranges et ôtez la pellicule blanche, ainsi que les membranes séparant les quartiers.
2. Mélangez la moutarde, le vinaigre et l'huile.
3. Versez la sauce dans un grand bol avec la salade, l'échalote, les haricots verts et les quartiers d'orange. Remuez pour bien répartir l'assaisonnement. Transférez cette salade dans des assiettes individuelles.
4. Découpez les magrets de canard en lamelles de 1,5 cm environ que vous disposerez sur la salade. Arrosez d'un filet d'huile d'olive et servez avec une tranche de fougasse aux olives.

TAGLIATELLES AU CITRON

Pour 4 personnes

Pour moi, pas question de renoncer aux pâtes. N'oublions pas que l'Alsace possède mille et une recettes de nouilles, en général en sauce, qui accompagnent indifféremment poissons et gibiers. Dans mon enfance, nous en mangions deux ou trois fois par mois, mais maman préférait des préparations plus légères et parfumées, comme cette recette à la crème et au citron empruntée à ma tante Caroline. Cette dernière la servait au déjeuner avec une salade et un fruit. Les enfants de sa fille Louise en réclament encore. Surveillez juste les portions !

INGRÉDIENTS

350 g de tagliatelles
4 citrons
1 cuillerée à soupe d'huile d'olive
170 g de crème fraîche
115 g de parmesan râpé
Sel, poivre fraîchement moulu

1. Faites cuire les tagliatelles *al dente* à l'eau bouillante salée. Égouttez-les.
2. Pendant la cuisson des pâtes, râpez le zeste des citrons ; pressez l'un d'eux et réservez son jus.
3. Dans une casserole, faites chauffer l'huile d'olive, ajoutez le zeste de citron et laissez cuire à feu doux pendant 2 minutes. Ajoutez la crème fraîche et augmentez le feu ; versez le jus de citron et augmentez encore un peu le feu.
4. Quand la sauce commence à épaissir, ajoutez le parmesan ; assaisonnez à votre goût, mélangez bien et laissez cuire 1 minute supplémentaire. Versez les pâtes cuites dans ce mélange, remuez bien pour répartir la sauce et servez aussitôt.

Les pâtes sont excellentes pour la santé... à condition de ne pas en faire un plat principal pantagruélique. En Italie, elles se mangent en entrée ou en garniture. N'imaginez pas non plus que vous en tenir à d'ennuyeuses sauces tomate vous aidera à perdre du poids : comme toujours avec les plats sollicitant peu les papilles, il faut en manger plus pour atteindre la satiété. Ajoutez plutôt de la ricotta fraîche ou, pourquoi pas, quelques morceaux de thon, de veau ou d'autres viandes. Parmi les sauces de base, citons le classique coulis de tomate agrémenté d'oignon et de thym ou le *pesto* au basilic pilé avec de l'ail et des pignons. Comptez une cuillerée à soupe d'huile d'olive par convive et, si nécessaire, humidifiez les pâtes avec deux ou trois cuillerées à soupe de leur eau de cuisson. Terminez en saupoudrant de parmesan, légèrement, comme on le fait de l'autre côté des Alpes. Prévoyez des portions d'environ 90 grammes par personne – et vous servirez de la viande ou du poisson ensuite.

Desserts

Si les repas traditionnels français s'achèvent toujours par un dessert, celui-ci ne se révèle pas nécessairement crémeux et/ou sucré à l'extrême. Quand on veut servir des préparations plus riches, il faut prévoir une entrée et un plat moins consistants. Précisons au passage que si l'on n'a plus assez faim pour goûter au dessert, cela signifie que le reste du repas était trop copieux. Le maître mot est, une fois de plus, « équilibre. » Tâchez aussi d'apprendre à apprécier des produits peu ou non sucrés, tels que les fruits ou le fromage. Les pâtisseries élaborées, comme mon cher mille-feuille, se consommeront de préférence de façon occasionnelle à l'heure du thé.

Au restaurant, permettez-moi de vous recommander deux tactiques éprouvées. La première – vous la connaissez sans doute déjà – consiste à partager ou à commander un dessert pour deux. Mais si chacun des autres convives en prend un et que vous ne voulez pas vous faire remarquer, essayez ce stratagème : mangez-en quelques bouchées très lentement jusqu'à ce que les autres aient terminé leur assiette. Racontez une anecdote ou discutez avec votre voisin et disposez discrètement vos couverts en position « 5 h 25 » pour indiquer au personnel que vous avez terminé. Trop occupés à vous écouter, vos voisins ne remarqueront pas que le serveur remporte une assiette à peine entamée. Je recours fréquemment à ce subterfuge très efficace.

POIRES POCHÉES

Pour 4 personnes

INGRÉDIENTS

50 cl de muscat Beaumes-de-Venise
115 g de sucre
2 cuillerées à soupe de jus de citron
4 poires Bosc épluchées, débarrassées de leur trognon et coupées en deux
4 boules de glace à la vanille

1. Versez le vin et le sucre dans une casserole à fond épais et portez à ébullition. Baissez le feu et laissez frémir pendant 5 minutes.
2. Ajoutez le jus de citron et les poires ; faites cuire le tout pendant 10 minutes à feu doux ou moyen. Laissez refroidir et placez dans le réfrigérateur.
3. Sortez les poires à l'avance, afin de les servir à température ambiante. Disposez une boule de glace à la vanille dans chaque assiette.

Pour ajouter une touche luxueuse à ce dessert, versez sur chaque poire une cuillerée à soupe de chocolat noir fondu.

POMMES AU FOUR

Pour 4 personnes

Dans mon enfance, l'automne rimait avec pommes... et avec noix, car notre verger en produisait à foison. Petite, je préférais les pommes cuites, ma mère sachant les décliner en mille recettes, aux pommes crues... Aujourd'hui j'apprécie à sa juste valeur le plaisir de mordre dans une pomme juteuse, avant qu'elle n'ait le temps de se dessécher ou de devenir farineuse. En ce début de XXIe siècle, ces fruits sont tellement répandus que même les supermarchés en proposent d'excellentes. Une pomme bien croquante est un dessert idéal, offrant un agréable contraste avec les textures qui l'ont précédée au cours du repas (n'oubliez pas que nous ne cherchons pas seulement à contenter notre estomac, mais tous nos sens), moyennant un apport calorique très raisonnable. Nous réclamions à Mamie ce dessert aux allures de mets de luxe. Elle confectionnait aussi de délicieuses compotes que nous mangions au goûter.

INGRÉDIENTS

30 g de noix hachées
4 pommes
4 noisettes de beurre
4 cuillerées à café de sucre mélangées avec 1/2 cuillerée à café de cannelle
2 cuillerées à soupe d'eau

1. Étalez les noix sur une feuille de papier sulfurisé et faites-les rôtir dans un four chauffé à 120 °C pendant environ 5 minutes, jusqu'à ce qu'elles dégagent un arôme. Réservez-les.
2. Épluchez les pommes et débarrassez-les de leur trognon tout en les laissant entières. Disposez-les dans un plat à gratin. Mélangez le beurre, le sucre additionné de cannelle et les noix grillées.
3. Remplissez la cavité au cœur des pommes avec la mixture ainsi préparée. Versez l'eau au fond du plat.
4. Faites cuire les pommes 30 minutes à 190 °C. Servez-les chaudes. Pour apporter à ce dessert une note plus festive, ajoutez une cuillerée à café de crème épaisse sur chaque pomme et garnissez-la d'un brin de menthe (pour la couleur) ou d'une fleur comestible.

ÎLE FLOTTANTE AVEC UNE TOUCHE DE POUDRE DE CACAO

Pour 4 à 6 personnes

Si nous autres Français n'aimons guère les œufs au petit déjeuner, ni le lait en guise de boisson passé les premiers mois de notre vie, nous en consommons volontiers dans nos sauces et nos desserts. Ainsi des œufs à la neige, rebaptisés dans les restaurants « île flottante », qui apportent des protéines et assez peu de sucres. Pour un dessert de fête, il se révèle léger puisqu'il se compose pour l'essentiel de blanc d'œuf. Ma mère le préparait souvent la veille au soir pour le déjeuner du lendemain. Quand je la voyais faire, je savais que le menu du lendemain comporterait inévitablement un aliment bon pour ma santé, mais dont je ne raffolais pas – Mamie savait que, les jours d'île flottante, le classique : « Termine ton assiette si tu veux avoir du dessert » fonctionnait mieux que jamais... Elle m'« achetait » ainsi sans remords plusieurs fois par mois.

INGRÉDIENTS

1/2 l de lait entier
150 g + 1 cuillerée à soupe de sucre
1 cuillerée à café d'extrait de vanille pur
4 œufs
1/4 cuillerée à café de sel
Poudre de cacao

1. Faites chauffer le lait dans une grande casserole à fond épais. Ajoutez la moitié du sucre et la vanille. Couvrez et retirez du feu.
2. Séparez les blancs des jaunes des œufs et réservez ces derniers dans un bol.
3. Dans un autre bol, battez les blancs en neige avec le sel. Ajoutez petit à petit une cuillerée à soupe de sucre. Montez-les en neige très ferme (de préférence à l'aide d'un batteur électrique).
4. Replacez la casserole de lait sur le feu et portez-la à ébullition. Baissez le feu.
5. Au moyen d'une cuillère à soupe, prélevez un monticule d'œufs en neige et posez-les sur le lait. Laissez cuire 2 minutes, puis retournez délicatement et laissez cuire sur l'autre face pendant 2 minutes. Répétez l'opération. Retirez les blancs en neige et mettez-les à égoutter sur un torchon. Laissez refroidir, couvrez et placez dans une assiette au réfrigérateur jusqu'au moment de servir.

6. Dans le bol contenant les jaunes d'œufs, incorporez progressivement le reste du sucre et continuez à mélanger pendant 2 ou 3 minutes jusqu'à obtenir une mixture jaune pâle formant un ruban. Versez très lentement le lait vanillé, afin de réchauffer les jaunes d'œufs sans les faire cuire. Placez le tout au réfrigérateur.
7. Au moment de servir, disposez les blancs d'œufs pochés sur cette crème. Placez un petit bol de cacao en poudre à côté de chaque convive (enfants, nous avions le droit d'en saupoudrer autant que nous le voulions !).

Lorsqu'elle recevait des invités, ma mère ajoutait une cuillerée à soupe de rhum pour parfumer la crème vanillée et garnissait son île flottante de caramel ou de copeaux de chocolat râpé (je préfère la deuxième solution, car j'ai toujours trouvé le caramel trop sucré).

Le facteur yaourt : tous ne se valent pas

Mon arme secrète, c'est le yaourt. Depuis que le Dr Miracle m'en a prescrit deux portions quotidiennes, cet aliment est devenu mon en-cas et mon dessert le plus banal. Mais mon histoire d'amour avec le yaourt a véritablement débuté lors d'un voyage en Crète.

À la maison, nous préférions les petits-suisses (saupoudrés de cacao) aux yaourts. On ne buvait pas non plus beaucoup de lait, excepté l'été à la campagne, chez ma grand-mère. En effet, comme elle possédait une étable, nous avions droit chaque soir avant de nous coucher à un bol de lait si frais qu'il était encore chaud. Notre apport quotidien en produits laitiers se faisait principalement sous forme de flans, de crème anglaise, de gâteaux et de plats salés d'hiver enrichis de lait.

En fait, les yaourts sont bien meilleurs pour la santé que les autres produits laitiers ; les médecins recommandent d'ailleurs aux patients sous antibiotiques – lesquels détruisent la flore intestinale – d'en prendre un à chaque repas. Un gramme de yaourt renferme quelque dix millions de bactéries vivantes *Lactobacillus bulgaricus* et *Streptococcus thermophilus*, essentielles pour votre bien-être digestif.

Je l'avoue, il m'a fallu un certain temps pour m'accoutumer à la saveur des yaourts – à l'époque, on ne trouvait ni variétés aux fruits ni variétés parfumées. Avec ma prédilection pour les mets sucrés, je voyais mal comment ces aliments pourraient remplacer mes desserts préférés. Le Dr Miracle m'autorisa donc à agrémenter mes yaourts d'une demi-cuillerée à café de miel ou d'une pincée de germe de blé. Au printemps, une compote de rhubarbe pas trop sucrée et relevée de cannelle les accompagnait à merveille, tout comme les fraises ou les framboises en saison. Mais il m'arrivait de ne rien trouver pour les adoucir (je suivais en effet à la lettre le précepte recommandant de ne pas stocker d'ingrédients « fauteurs de troubles » dans mes placards) et j'appris à apprécier les yaourts nature, à la fois crémeux et aigrelets.

Pendant mes études, j'ai passé plusieurs étés en Grèce. Comme j'avais étudié le grec moderne, je m'arrangeais pour loger chez l'habitant, ce qui me donnait l'occasion de pratiquer la langue (c'était également une solution économique pour ma bourse d'étudiante). Ce type de logement était en général spartiate : tout au plus une douche et un lit – et bien souvent un simple matelas sur la terrasse car, en haute saison, les familles accueillaient volontiers plusieurs hôtes payants. Mais, comme je parlais leur langue, mes logeurs stupéfaits m'offraient souvent un lit. Il arrivait même qu'ils m'hébergent gratis, me conviant toujours à partager leur petit déjeuner : un épais café grec (que l'on appelle « café turc » presque partout ailleurs) accompagné d'un verre d'eau... et d'un yaourt.

Un été, en Crète, j'atterris chez la femme d'un capitaine au long cours, aussi adorable que menue. Elle me révéla qu'en son absence, elle se nourrissait presque exclusivement de yaourt et de fruits avec juste un peu de poisson avec des légumes au dîner.

Résolue à suivre son exemple, j'oubliai les plats graisseux des tavernes bon marché pour acheter mon déjeuner dans les épiceries proches de la plage : du yaourt et une pêche juteuse. Après dix jours de ce programmes ajouté au fait que je marchais et nageais chaque jour, je suis repartie flottant dans mes vêtements. Je devais découvrir que j'avais perdu deux kilos ; pourtant, je me suis rarement autant régalée.

Évidemment, les yaourts vendus hors des frontières grecques ne peuvent se comparer à ces yaourts crétois à base de lait de chèvre. J'ai appris depuis que les plantes de cette île, point de départ de la chaîne alimentaire, sont particulièrement riches en acide alphalinolénique (l'un des fameux acides gras oméga-3, si bénéfiques), présent dans la viande, les œufs et le lait des animaux qui s'en nourrissent.

Attention : bon nombre de yaourts vendus aujourd'hui contiennent des ingrédients indésirables tels que des agents conservateurs artificiels, des colorants, des arômes, du sucre ou d'autres édulcorants. Étudiez donc les étiquettes avec soin.

Par mesure de sécurité, j'ai demandé à mon hôtesse crétoise de m'expliquer comment confectionner mon propre yaourt. L'opération exige un élément déclencheur – soit de la présure spéciale, soit une cuillerée à soupe de bon yaourt naturel contenant des bactéries vivantes – et, de préférence, une yaourtière (un de mes meilleurs investissements !).

Voici ma recette... Sachez que la machine effectue l'essentiel du travail.

YAOURT MAISON

(PRÉPARÉ AVEC UNE YAOURTIÈRE)

INGRÉDIENTS

1 l de lait entier ou demi-écrémé
1 cuillerée à soupe de yaourt nature pour démarrer le processus ou 1 cuillerée à soupe de présure (en vente dans les magasins de produits naturels)
Yaourtière avec thermomètre

1. Faites chauffer le lait à feu doux à moyen dans une casserole, jusqu'à ce que des bulles apparaissent sur le pourtour et que de la vapeur émane de la surface. Retirez du feu et plongez un thermomètre dans le lait. Quand sa température chute aux alentours de 45 °C, versez la présure ou le yaourt dans un des pots. Ajoutez un peu de lait chaud et remuez pour bien mélanger. Reversez la mixture dans la casserole petit à petit et en remuant bien.
2. Remplissez les pots de la yaourtière, fermez bien leurs couvercles, placez-les dans l'appareil (il les chauffera à température contrôlée) et suivez le mode d'emploi. La cuisson des yaourts demande 6 à 10 heures – faites-le par exemple la nuit – suivant la fermeté et l'aigreur désirées.
3. L'opération achevée, réfrigérez les pots pendant quelques heures avant de les déguster. Vous pouvez conserver ces yaourts au froid pendant deux semaines.

Si vous ne voulez pas investir dans une yaourtière, vous pouvez recourir à cette recette ancestrale inratable, que m'a récemment rappelée un chauffeur de taxi sur l'île grecque de Mykonos. Les chauffeurs de taxi grecs sont plus bavards encore que leurs congénères parisiens ! Je ne me rappelle plus quelle question j'avais pu poser à cet homme... mais elle lui a inspiré un long discours sur la vie, le jardinage, l'importation de coccinelles néerlandaises, la famille, les hôtels, les mérites comparés des divers restaurants de l'île et, enfin, le yaourt.

YAOURT MAISON

(PRÉPARÉ SANS YAOURTIÈRE)

INGRÉDIENTS

1 l de lait entier ou demi-écrémé
1 ou 2 cuillerées à soupe de yaourt nature pour démarrer le processus ou 1 ou 2 cuillerées à soupe de présure (en vente dans les magasins de produits naturels)

1. Faites chauffer le lait à feu doux à moyen dans une casserole, jusqu'à ce que des bulles apparaissent sur son pourtour et que de la vapeur émane de sa surface.
2. Transvasez le lait chaud dans un grand récipient, et laissez refroidir jusqu'à environ 45 °C (vérifiez à l'aide d'un thermomètre de cuisine. Si vous n'en possédez pas, imitez les Grecs : le lait est à la bonne température quand vous pouvez maintenir votre index dedans pendant 20 secondes.).
3. Versez la présure ou le yaourt dans un petit bol, ajoutez un peu de lait chaud et mélangez bien. Remettez cette mixture dans le grand bol, tiers par tiers, en remuant bien à chaque fois. Mélangez une dernière fois le tout. Recouvrez le récipient d'un torchon ou d'une serviette épaisse et laissez ainsi, dans une pièce assez chaude, pendant 6 à 10 heures.
4. Quand ce yaourt a pris, recouvrez le bol de film plastique et réfrigérez-le pendant 8 heures avant de le déguster. Pour obtenir des yaourts plus épais, transvasez-les dans un sachet de mousseline et laissez égoutter au-dessus d'un bol.

8

L'EAU DE VIE

Quiconque a fréquenté l'école primaire n'ignore pas que l'eau est la source de toute vie. Les Américains ont récemment dépensé près d'un milliard de dollars pour en rechercher la trace sur la planète Mars. Pourquoi ? Parce que, sans l'eau, la vie n'aurait pu naître, et si l'on cesse d'en boire on ne survit pas longtemps. L'eau représente quelque 70 % de notre masse corporelle, 80 % de notre volume sanguin, 70 % de celui de nos muscles et 85 % de notre matière grise – ce qui explique sans doute pourquoi la déshydratation plonge dans le délire bien avant que les autres fonctions corporelles ne s'interrompent. Et pourtant, la plupart de nos contemporains ne boivent pas assez d'eau. Il s'agit pourtant d'un moyen de contrôler son poids sans effort. J'irai même jusqu'à dire qu'il est extrêmement rare de ne pas mincir en en buvant durablement quatre à cinq verres supplémentaires.

Attention : je vous parle ici d'eau. Les sodas, jus de fruits, cafés et thés se composent certes majoritairement d'eau mais ceux qui renferment de la caféine sont également diurétiques, ce qui signifie que vous éliminez de l'eau quand vous les ingérez. En clair, il n'existe qu'un seul moyen de vous assurer que vous buvez assez d'eau : l'avaler pure et nature. Désolée pour celles et ceux qui préfèrent des breuvages à la saveur plus prononcée... Ajoutons que se promener avec son litre d'eau minérale sous le bras ne sert à rien si l'on n'en boit que quelques gorgées de temps à autre : vous n'apportez pas à votre organisme l'apport nécessaire pour demeurer bien hydraté et éliminer toxines et déchets métaboliques. Vous ne me croyez pas ? Pour évaluer l'effet de l'eau sur votre peau, versez-en une larme sur une éponge desséchée...

Nombreuses sont les personnes qui omettent de prendre en compte, ou qui sous-estiment, la quantité d'eau éliminée passivement, en particulier par temps très chaud ou très froid. Si la transpiration constitue un indice difficile à ignorer, on sait moins que l'être humain perd aussi beaucoup d'eau par la peau et les voies respiratoires lorsque la température extérieure chute. Le corps humain n'est pas une enveloppe étanche : si la peau absorbe un peu d'eau, elle en laisse surtout échapper. L'un dans l'autre, nous éliminons environ cinq à six litres d'eau par jour (y compris pendant notre sommeil) en transpiration, respiration et déchets corporels. De ce fait, les huit verres quotidiens généralement recommandés risquent de ne pas suffire à combler ce déficit – surtout si vous utilisez de petits verres. La clé de la minceur et de la santé réside dans cette formule basique : buvez un petit peu plus d'eau que vous n'en dépensez.

Nos bureaux new-yorkais abritent un grand distributeur d'eau approvisionné en permanence. Le préposé au remplissage de cet appareil m'a un jour avoué que sa tâche se révélait beaucoup moins ardue pendant mes absences. « Quand vous voyagez, un conteneur d'eau dure une semaine, m'a-t-il expliqué, mais quand vous êtes là, il faut le changer tous les deux jours ! » Mes équipes s'assoiffent volontairement. Tous ces individus en pleine santé prompts à se précipiter à l'épicerie du coin pour y acheter un café ou un soda ne trouvent apparemment pas le courage de marcher jusqu'à la fontaine !

Quel contraste avec nos bureaux parisiens, dans lesquels une grande bouteille d'eau est déposée tous les matins sur chaque bureau ! Et si cela ne suffit pas – *et cela ne suffit pas* – chacun peut aller se resservir dans la réserve. Pourtant, lors des réunions, je m'étonne souvent de voir les petites bouteilles posées sur la table rester intactes, tandis que la cafetière se tarit... et les canettes de soda light aussi.

Cette tendance ne s'observe pas uniquement dans les bureaux : chez nombre de nos contemporains, les bouteilles d'eau séjournent plus longuement dans le réfrigérateur que les autres boissons. N'évoquons même pas les carafes sucrées modèle « familial ». Inutile de préciser que des enfants qui ne voient pas leurs parents boire d'eau ne risquent pas d'en comprendre l'utilité.

Quand je rends visite à ma famille, je constate avec plaisir que les bonnes habitudes en vigueur dans mon enfance perdurent. Chacun entame la journée par un verre d'eau ; lors des repas une grande bouteille d'eau minérale trône toujours sur la table et tous en consomment tout au long de la journée. Détail supplémentaire : inutile de placer l'eau au réfrigérateur. Tout le monde n'apprécie pas (ou ne supporte pas) l'eau glacée.

L'eau du robinet traîne pour sa part une mauvaise réputation tout aussi tenace qu'injustifiée, surtout en ville : on l'accuse d'avoir mauvais goût ou de dégager une odeur de chlore. D'où le succès des eaux en bouteille, dont le marché est en pleine expansion. Sachez cependant que, sauf exception rarissime – et annoncée par voie de presse –, l'eau du robinet est parfaitement saine. Mais si vous n'achetez jamais d'eau en bouteille et que vous ne buvez pas assez d'eau, il peut néanmoins exister un lien de cause à effet avec la saveur de celle qui s'écoule dans vos canalisations.

Chez moi, on préférait l'eau plate à ses cousines gazeuses, avec une exception pour la Badoit, qui nous avait conquis, bien des années auparavant, avec le jingle publicitaire « Et badadi et badadoit, la meilleure eau, c'est la Badoit ». Nous en avons goûté d'autres, mais nous revenons toujours à nos premières amours. Quoi qu'il en soit, on trouve aujourd'hui dans les rayons des supermarchés et même dans certains restaurants un choix impressionnant d'eaux minérales et de source. Il existe même des « bars à eaux » destinés aux connaisseurs, avec leurs crus, leurs saveurs et leur vocabulaire particulier. L'« aqualogie » est née ! Explication, pour les néophytes : ces variétés se distinguent principalement par leur teneur en sels minéraux divers, notamment le calcium et le magnésium.

Peu importe la cause de ce déficit : nous ne buvons pas assez d'eau. Il est temps de se demander pourquoi et de redresser la barre. Le souci de contrôler votre poids représente une excellente motivation pour vous pencher sur ce problème, même s'il ne s'agit là que de la partie émergée de l'iceberg.

Sachez tout d'abord que l'on confond couramment sensation de soif et sensation de faim. Lorsque nous éprouvons un « petit creux » ou une « petite faim », c'est souvent la petite soif qui nous tenaille... Rien d'étonnant, donc, à ce que les individus qui ne boivent pas suffisamment tendent également à manger trop, surtout si l'on songe aux vertus coupe-faim de l'eau. S'en remplir régulièrement l'estomac favorise la satiété, sans parler de la santé dans son ensemble.

J'ai ma propre théorie sur la quantité idéale qu'il convient de boire dans une journée. Je transporte une bouteille d'eau dans mon sac, mais elle a pour seul office de compléter mon apport quotidien. Il faut en effet boire tout au long de la journée. Pour ma part, j'avale un premier verre d'eau en me levant, un dernier avant de me coucher, et j'en bois toujours un environ une demi-heure avant les repas ; cette précaution est très vite devenue chez moi un automatisme. En revanche, j'évite de boire de l'eau à table, car cela dilue les sucs digestifs. Je recommande cependant d'en prendre pendant les repas durant les phases de rééducation et de stabilisation de votre programme : la perte en rapidité digestive sera largement compensée par le volume dépourvu de calories qu'elle représente. Le choix eau plate/eau pétillante reste, quant à lui, affaire de goût personnel et de tube digestif, certains supportant mal un apport gazeux supplémentaire. Pour ma part, ayant déjà mon content de bulles avec le champagne, j'opte le plus souvent pour de l'eau plate. Cependant, un verre d'eau gazeuse bien fraîche additionné d'un trait de citron pressé constitue une boisson d'été merveilleusement rafraîchissante. Et, bien entendu, j'adore les citrons pressés de mon café favori du boulevard Saint-Germain.

L'un des principaux avantages de l'eau, hormis sa teneur calorique absolument nulle, réside dans le fait que, sauf comportement compulsif, on n'en boit jamais trop. Elle joue un rôle essentiel dans toutes les fonctions de l'organisme ; même les processus d'élimination lui sont bénéfiques, puisque, avec elles, vous vous débarrassez des agents contaminateurs et évitez les dépôts minéraux (je tiens de source sûre que les personnes ayant souffert de calculs rénaux n'oublient plus jamais de boire suffisamment). L'eau aide aussi à maintenir l'équilibre électrolytique du corps et soulage de bobos aussi variés que les crampes musculaires, les maux de tête, la faiblesse et la fatigue. C'est aussi, à mon sens, le meilleur des agents anti-âge, le lubrifiant numéro un de nos cellules : elle nous régénère corps et âme. Boire davantage fait plus de bien à votre peau que toutes les molécules rajeunissantes sophistiquées contenues dans une crème de beauté. S'il existe une fontaine d'éternelle jouvence, de l'eau pure en coule certainement. Alors, réconciliez-vous avec l'eau.

Une alimentation correcte contribue à hauteur de 42 % de l'apport hydrique indispensable à l'organisme, pourvu que l'on accorde une large place aux fruits et aux légumes – un steak ne renferme pas beaucoup d'eau... À vous de jouer pour le reste. Goûtez plusieurs eaux minérales ou de source, afin de déterminer votre cru de prédilection. Imitez le personnage interprété par Tim Robbins dans *The Player*, qui en commande une marque différente dans chaque scène du film ! Si vous préférez vous en tenir à l'eau du robinet, je vous suggère d'investir dans un filtre ou dans un purificateur. En outre, dès que possible, optez pour des breuvages qui ne déshydratent pas l'organisme, comme les potages, les tisanes (pour ma part, je n'aime guère le thé vert, dont on nous vante tant les propriétés miraculeuses), le lait ou même des jus de fruits frais, avec modération, bien entendu.

Réservez le café au petit déjeuner et à la fin des repas. C'est une très mauvaise habitude d'en boire toute la journée. Signalons au passage que si vous n'avalez pas d'eau avant votre première tasse de café, vous commencerez mal la journée car la caféine réduit les réserves hydriques déjà considérablement entamées pendant le sommeil... Abuser du thé n'est pas non plus judicieux : lui aussi renferme de la caféine diurétique. Restez fidèle à la tradition et buvez-en de temps à autre pour accompagner une pâtisserie dans l'après-midi ! Les tisanes sont une tout autre affaire, à préparer chez vous et à commander au restaurant ; contenant très peu ou pas de caféine, elles sont presque aussi bénéfiques que l'eau pure. Elles font en outre partie de notre répertoire gastronomique depuis la nuit des temps. On les déguste en général après le dîner ou juste avant de se coucher.

Je suis issue d'une famille de fanatiques de tisanes. Peut-être s'agissait-il là d'une tactique de ma mère pour s'assurer que son petit monde absorbait bien sa dose d'eau quotidienne, mais j'en garde avant tout le souvenir d'un plaisir sensoriel. Préparer et partager une théière parfumée était pour nous un rituel familial d'après-dîner, marquant le dernier moment de la journée passé ensemble. J'adorais choisir la plante du jour dans les pots de la cuisine remplis d'herbes séchées, récoltées dans la forêt, derrière chez ma grand-mère, en Alsace, ou rapportées de nos vacances d'été en Provence. Je tiens d'ailleurs de mes deux grands-mères et de mes tantes quantité de remèdes phytothérapiques traditionnels : la verveine et le tilleul, à boire à tout moment, mais particulièrement après les repas ; la camomille, qui favorise le sommeil ; la menthe, si appréciée au Maroc, qui améliore la digestion, etc. Il nous arrivait aussi de concocter nos propres mélanges aromatiques que nous enfermions dans de petits sachets de mousseline – rien à voir avec les sachets industriels en vente dans les supermarchés !

En sirotant ce dernier breuvage de la soirée, nous parlions de nos projets du lendemain ou de sujets d'actualité. En semaine, ce rituel durait environ un quart d'heure, mais le week-end ou lorsque nous recevions des invités, il pouvait se prolonger pendant plusieurs heures. Quand je faisais mes études à Paris, je revenais à la maison une fois par mois. Ces soirs-là, ma mère et moi étions toujours les dernières couchées, bavardant jusqu'à deux ou trois heures du matin autour d'une tisane... après quoi nous dormions comme des bébés.

Vivre de pain, d'amour et d'eau fraîche : que peut-on imaginer de mieux ?

Mange ta soupe

Comme je l'ai expliqué, l'apport en eau doit être réparti tout au long de la journée. Les potages représentent un excellent moyen de réhydrater l'organisme avec un rapport calories/satiété particulièrement avantageux. Dans mon enfance, une soupe constituait souvent le mets central de nos dîners : le déjeuner était le principal repas de la journée, le dîner se composait d'une assiette de soupe accompagnée d'un morceau de fromage, d'un œuf à la coque ou de salade de pommes de terre, avec un fruit en guise de dessert. Attention : chez nous, la soupe était une affaire sérieuse. Invariablement préparée à la maison, elle mijotait dans la plus grande casserole de la cuisine – pour le meilleur ou pour le pire suivant la recette en cause car son arôme envahissait toute la maison... Parmi mes potages favoris figurait le bouillon de poulet agrémenté de petites pâtes en forme de lettres. Yvette, notre nounou, redoutait ce plat : le repas traînait en longueur car nous cherchions à composer des mots au fond de notre assiette en faisant la sourde oreille à ses « Mange ta soupe ! » indignés. Nous appréciions également les potages aux vermicelles et les soupes de légumes (dont le contenu variait, cela va de soi, avec les saisons) qui réchauffent si bien l'hiver. Ne croyez cependant pas que nous aimions toutes les soupes de Mamie : comme la plupart des autres enfants, nous affichions des mines dégoûtées devant les recettes à base de lentilles, d'épinards, de poireaux ou de chou (les carottes, elles, trouvaient grâce à nos yeux), dont le parfum puissant imprégnait la cuisine – où nous prenions tous nos repas, à l'exception du déjeuner dominical. Yvette devait déployer des trésors d'imagination pour nous les faire ingurgiter. Elle concoctait des récits élaborés pour nous distraire puis, arrivée au moment le plus palpitant, décrétait : « Mange ta soupe », nous obligeant à en avaler quelques cuillerées avant de poursuivre son histoire. Les jours de soupe au chou, notre bête noire, surnommée la « soupe de paysans », seule la promesse d'une récompense à la fin du dîner pouvait nous inciter à vider notre assiette. Pauvre Yvette... Son petit ami l'attendait au-dehors, mais elle ne savait jamais à quelle heure elle pourrait le rejoindre.

S'il est plus facile d'apprendre à réserver une place aux potages dans vos menus dès l'enfance, on peut s'engager dans cette voie à tout âge, et en retirer les plus grands bénéfices en termes de ligne et de santé. Si je devais retenir une seule recette de potage, je choisirais la soupe aux légumes que Mamie servait l'hiver une ou deux fois par mois, accompagnée de crêpes aux pommes de terre ou aux pommes.

SOUPE DE LÉGUMES DE BASE

Pour 8 personnes

Ma mère faisait cuire tous les légumes à l'eau. Même si ses recettes comprenaient toujours des pommes de terre, le choix des autres légumes dépendait des produits disponibles sur le marché.

INGRÉDIENTS

2 petites pommes de terre (d'environ 60 g chacune)
1 petit chou
2 poireaux
2 carottes
2 côtes de céleri avec leurs feuilles
2 oignons jaunes de taille moyenne
Poivre fraîchement moulu
2 cuillerées à café de sel
1/2 cuillerée à café de thym séché
2 feuilles de laurier
1 petite botte de persil frais
2,5 l d'eau

1. Épluchez les légumes. Coupez les pommes de terre et le chou en petits cubes ; nettoyez soigneusement les poireaux et coupez-les en tronçons ; détaillez aussi les carottes et le céleri, et coupez les oignons en quartiers.
2. Disposez les légumes dans un grand faitout, ajoutez le sel, le poivre, le thym, le laurier et le persil, et mélangez le tout. Ajoutez l'eau, couvrez et portez lentement à ébullition. Baissez le feu et laissez frémir pendant 1 heure.
3. Retirez les feuilles de laurier et jetez-les. Égouttez les légumes en réservant leur eau de cuisson. Réduisez-les en purée, en utilisant si nécessaire l'eau de cuisson pour allonger la soupe. Réchauffez cette préparation. Dès qu'elle bout, retirez-la du feu, rectifiez l'assaisonnement et servez.

À la fin de l'automne, ma mère ajoutait au mélange les dernières tomates du jardin et, en plein hiver, un demi-céleri-rave... mais vous pouvez employer les ingrédients de votre choix. Même chose pour les aromates : laissez parler votre imagination !

POTAGE EXPRESS AUX CAROTTES

Pour 4 personnes

INGRÉDIENTS

1 kg de carottes épluchées et coupées en rondelles
1 pincée de sucre
Sel
Poivre fraîchement moulu
1 noisette de beurre
1, 5 l d'eau

Pour la garniture :

Aneth frais ou coriandre fraîche

1. Disposez les carottes dans un faitout et recouvrez-les d'eau. Faites-les cuire *al dente*, ce qui prend environ 15 minutes.
2. Passez les carottes au presse-purée, assaisonnez à votre goût (une pincée de sucre, une de sel et une de poivre). Juste avant de servir, ajoutez une noisette de beurre et garnissez d'aneth ou de coriandre.

VELOUTÉ AUX CAROTTES

Pour 8 personnes

INGRÉDIENTS

2 feuilles de laurier
1 kg de carottes épluchées et coupées en rondelles
4 oignons moyens pelés et coupés en rondelles
2 pommes de terre épluchées et coupées en rondelles
1 cuillerée à soupe de sucre
2 cuillerées à soupe de crème épaisse
Sel, poivre fraîchement moulu
1 noix de muscade (entière)
2,5 l d'eau

1. Portez l'eau à ébullition. Ajoutez les feuilles de laurier et tous les légumes. Laissez frémir pendant 45 minutes.
2. Retirez les feuilles de laurier et passez les carottes au presse-purée. Ajoutez le sucre et la crème puis réchauffez à feu doux : la soupe doit être bien chaude. Salez et poivrez à votre goût, et garnissez d'une pincée de noix de muscade fraîchement râpée.

SOUPE EXOTIQUE

Pour 4 personnes

INGRÉDIENTS

1/2 l de lait demi-écrémé
100 g d'amandes en poudre
1/4 cuillerée à café d'extrait d'amande amère
450 g de haricots verts
1 cuillerée à soupe de vinaigre de vin rouge
1/2 mangue très mûre
1/2 de jus de citron vert frais
Noix de muscade fraîchement râpée
Sel, poivre fraîchement moulu

1. Mélangez 35 cl de lait avec les amandes en poudre et laissez reposer pendant 30 minutes. Mélangez, passez au tamis et ajoutez l'extrait d'amande amère.
2. Équeutez les haricots verts et plongez-les dans une casserole d'eau bouillante légèrement salée. Faites-les cuire 8 minutes, égouttez-les et rincez-les à l'eau froide. Mixez ces haricots verts avec le reste du lait à l'aide d'un robot ménager. Ajoutez le vinaigre, rectifiez l'assaisonnement et réservez.
3. Épluchez la mangue et mixez sa chair avec le jus de citron vert et une pincée de noix de muscade jusqu'à obtenir un coulis. Réservez.
4. Mélangez le lait parfumé aux amandes et la purée de haricots verts ; servez à température ambiante. Arrosez cette soupe de coulis de mangue, salez et poivrez à votre goût.

N.B. Les étapes 1 à 3 peuvent s'effectuer à l'avance. Pour obtenir un potage plus liquide, utilisez moins d'amandes et plus de lait ou encore moitié lait et moitié eau.

Vin, femmes et chansons

« Faites simple », recommandait le grand Escoffier – et tous les bons cuisiniers appliquent ce précepte. Cette toque légendaire songeait sans doute aux ingrédients solides, mais à mon avis la règle convient tout aussi bien aux aliments liquides, autrement dit au vin. Après tout, celui-ci renferme des calories, des nutriments et des arômes. Bien évidemment, il faut le consommer avec modération, mais nos traditions nous apprennent à le considérer plus comme un plaisir que l'on savoure que comme une boisson alcoolisée dont on abuse. Baudelaire écrivait : « Si le vin disparaissait de la production humaine, je crois qu'il se ferait dans la santé et dans l'intellect de la planète un vide, une absence, une défectuosité beaucoup plus affreuse que tous les excès et les déviations dont on rend le vin responsable[1]. » Le gourmet boit du vin non pour émousser ses sens mais pour les réveiller. Et ce breuvage fait partie intégrante des bonheurs qu'un repas procure.

Ma mère, qui m'a inculqué dès mon plus jeune âge la valeur de la simplicité, ne servait d'autre apéritif que du champagne. Proposer des alcools forts, disait-elle, complique l'existence : il faut disposer d'un choix de breuvages et de tout un attirail de verres, sans parler des shakers et de cuillères pour les cocktails. En outre, chose plus grave encore, de telles boissons anesthésient les papilles plus qu'elles ne les excitent. Or une hôtesse s'étant donné la

1. *Du vin et du haschich* (1851).

peine de préparer un bon repas pour ses invités ne souhaite pas les voir dans l'incapacité de l'apprécier !

Aujourd'hui, trop de dîneurs commettent l'erreur, notamment au restaurant, de commander des boissons à base d'alcool fort en apéritif. Sachez qu'elles contiennent trois à quatre fois plus d'alcool qu'une quantité équivalente de vin ou de champagne, donc beaucoup plus de calories. Et comme, en plus, elles émoussent les sensations gustatives, on finit presque toujours par manger plus – peut-être cela explique-t-il que certaines tables médiocres subsistent contre toute logique...

Si vous ne buvez pas de vin, vous privez vos papilles de tout un univers de saveurs, et compensez peut-être à votre insu par un abus de nourriture. En effet, en accompagnement d'un mets raffiné, le vin déclenche un kaléidoscope de sensations croisées, lequel accroît le sentiment de plénitude suivant un bon repas. Il augmente aussi la valeur rituelle de ce dernier et aide à l'éclairer d'un jour nouveau. Le vin apporte une convivialité, un raffinement et un luxe aux antipodes du grignotage irréfléchi et irrespectueux de la nourriture : en général, quand on ouvre une bonne bouteille, ce n'est pas pour dîner devant la télévision.

Absorbé au quotidien à petites doses et aux repas, le vin se révèle en outre excellent pour la santé. Moins riche en calories que les alcools forts, il renferme des nutriments qui contribuent à fluidifier le sang, à abaisser la tension artérielle, ainsi que le taux de mauvais cholestérol. Ce n'est pas si courant de se faire du bien en se faisant plaisir...

Les néophytes ne doivent pas se laisser arrêter par leur méconnaissance des vins ni par des coutumes familiales réservant ceux-ci aux grandes occasions (comme c'est souvent le cas dans les régions productrices de bière, où l'on privilégie celle-ci au quotidien). Accordez au vin une place dans vos repas ordinaires et goûtez des crus différents, afin de déterminer vos préférences.

Les étrangers poussent des cris d'horreur en entendant que les petits Français apprennent dès l'enfance les rudiments de l'œnologie ; hors de nos frontières, on raconte même que les mères glissent du vin dans les biberons de leur progéniture. En réalité, les enfants voient leurs parents boire du vin à table et, tout naturellement, demandent à y goûter. On les laisse alors y tremper les lèvres le dimanche ou boire un peu de vin coupé d'eau. Certains poussent plus loin leurs investigations : je me souviens de longs repas familiaux, à l'occasion d'une communion, par exemple, où les plus jeunes – en particulier les garçons – attendaient que les adultes aillent faire quelques pas dans le jardin pour finir verres et bouteilles. Mes cousins mélangeaient allègrement champagne, vin blanc, vin rouge et vins liquoreux. Ces bacchanales ne duraient jamais bien longtemps, mais quand les parents reparaissaient et y mettaient fin, certains étaient déjà malades... On n'apprend jamais assez tôt à faire preuve de modération et à s'abstenir de certains mélanges !

Ma première rencontre avec le vin eut lieu – c'est la vérité ! – au cœur du pays champenois, à environ une heure de route de la Lorraine, où nous résidions, chez les Lion, de bons amis de mes parents. Cet architecte bon vivant et sa femme habitaient Reims, la capitale du champagne et de la région du même nom. Tout comme mon père, M. Lion était membre d'un club d'éleveurs de pigeons voyageurs. Sa femme, piètre cuisinière, lui avait entièrement abandonné les rênes gastronomiques du foyer – j'ignore si c'est pour cette raison qu'elle appelait ce colosse « mon petit Jésus ». Les Lion partageaient souvent nos agapes dominicales, M. Lion secondant ma mère aux fourneaux pour le plus grand bonheur des convives. Quand ils nous recevaient à Reims, Mamie lui rendait la pareille...

Trois ou quatre fois par an, nous partions de bonne heure le dimanche matin et ma mère avait carte blanche pour donner libre cours à son inventivité dans l'immense cuisine des Lion. Quand les invités arrivaient, on servait du champagne ; M. Lion, qui en raffolait, tenait à ce que les enfants en boivent une « petite goutte ».

Je n'oublierai jamais mon premier contact avec la boisson que je représente aujourd'hui outre-Atlantique. J'avais six ans. Tout d'abord, notre mentor nous apprit comment tenir notre verre. Il ne s'agissait pas d'un gobelet comme ceux auxquels nous étions accoutumés, mais d'un réceptacle approprié au roi des vins : une flûte. Comme je la saisissais à pleines mains, M. Lion m'expliqua qu'il fallait au contraire la tenir par le pied pour éviter que la chaleur de ma menotte n'attiédisse le champagne. J'étais très impressionnée par ce rituel... et par M. Lion, qui jusque-là m'intimidait énormément.

Voilà qu'à présent j'avais le « petit Jésus » pour ami ! Ensuite, je bus quelques gorgées dans ce verre d'adulte. Pour une fois, j'aurais quelque chose d'exceptionnel à raconter à mes copines, le lendemain matin, à l'école. Je remportai mon petit succès : aucune autre élève n'avait jamais goûté au champagne, encore moins dans une flûte ! Cela compensait tous les week-ends passés à ramasser des champignons en famille tandis que mes camarades allaient au cinéma (dans ma famille, on passait du temps ensemble autour d'une table, pas dans une salle obscure)...

Le hasard (ou le destin ?) voulut que ce tout premier champagne de ma vie soit du Veuve Clicquot. Quelques mois plus tard, les Lion nous emmenèrent visiter cette fameuse maison de champagne. Le Veuve Clicquot était le préféré de M. Lion et il en mettait souvent une caisse dans le coffre de notre voiture pour remercier ma mère de son savoureux repas. De ce fait, ce champagne devint aussi notre cru de choix. Comment aurais-je pu deviner que je contribuerais plus tard à sa renommée ?

Devenue étudiante à Paris (après avoir retrouvé ma ligne grâce aux bons conseils du Dr Miracle), j'invitai quelques amis pour fêter la fin du trimestre. Je comptais acheter pour l'occasion six bouteilles de champagne, mais au moment de payer, je découvris avec horreur – et au grand amusement du marchand – que mon porte-monnaie contenait à peine de quoi en acheter une ! Lorsque je relatai cet épisode à ma mère, lors de notre conversation téléphonique rituelle du dimanche, elle proposa de m'envoyer un chèque. Elle nous avait inculqué la valeur de bien des choses, mais pas leur prix. C'est là une leçon qui s'apprend à l'âge adulte.

Mes condisciples se montrèrent fort impressionnés par ma munificence. Et comme le champagne ne manque jamais de créer une atmosphère festive, ma soirée fut un succès. Je décidai ce soir-là que, dorénavant, j'économiserais pour recevoir au champagne : quand je n'aurais pas les moyens de le faire, je me passerais de jouer les hôtesses. C'est le genre de détail qui fait toute la différence...

Je suis de ces heureux mortels que l'on rémunère pour faire ce qu'ils aiment. Car, voyez-vous, j'adore toujours autant le champagne et il demeure pour moi un philtre magique. C'est aussi un vin merveilleusement féminin. J'apprécie tout en lui : sa belle robe dorée, ses fines bulles dansantes, son parfum et ses saveurs – agrumes, poire, pomme, fruits séchés, brioche –, et son merveilleux arrière-goût de levure, délicieusement long en bouche. J'aime aussi l'atmosphère qu'il engendre et qu'aucun autre vin n'approche, cet esprit de célébration et de joie de vivre émanant de lui. Le plaisir des yeux qu'il procure retient de le boire trop vite et je n'ai jamais été ivre de ce vin indulgent ni ne me suis réveillée avec la gueule de bois au lendemain d'une soirée au champagne. Bien entendu, je le consomme avec modération et toujours en mangeant. Comme pour toutes les bonnes choses de l'existence, le maître mot est « équilibre ».

Au cours de ces dernières décennies, j'ai joui de l'immense privilège – naguère réservé aux rois et aux grands de ce monde – de boire presque chaque jour une coupe de champagne avec une personne que mon travail m'a amenée à rencontrer à Paris, New York, Santa Barbara ou Bali, en Sardaigne, à Kyoto, Mykonos ou en Provence, à Puerto Rico, San Francisco ou Miami, entre autres. Edward me dit que je contribue à rendre les gens heureux : « C'est comme si tu disposais d'une baguette magique ! »

C'est vrai : pour moi, le champagne est source de bonheur. Je me rappelle que, peu après mon installation à New York, je suis allée rendre visite à une amie hospitalisée. En bonne Française, je n'imaginais pas arriver les mains vides. Après avoir hésité entre fleurs et champagne, j'optai pour la seconde solution, plus adaptée aux goûts de mon amie. L'infirmière de garde ne m'a même pas laissée entrer dans sa chambre. Choc des cultures : cette marque d'attention à mes yeux si naturelle faisait scandale aux Amériques !

Aujourd'hui, quand je déjeune avec des amis, nous sommes souvent les seuls du restaurant à arroser notre repas de champagne. Parfois nous ne dégustons pourtant qu'un plateau d'huîtres avec du pain et du beurre. Je vois que nos voisins – même ceux qui sirotent un cocktail au bar en attendant leur table – se demandent ce que nous pouvons bien « fêter » en plein milieu de la journée. La vie, je suppose. Marlène Dietrich disait que le champagne transforme tous les jours en dimanches. On ne saurait mieux dire.

Le champagne demeure mon meilleur allié pour m'ouvrir l'appétit et réveiller pleinement mon palais. N'oubliez pas : il faut être prêt à apprécier un repas pour en tirer un vrai contentement avec des portions raisonnables. C'est aussi un vin capable d'accompagner presque tous les plats ; saviez-vous par exemple que son acidité offre un contraste idéal avec l'huile et le fromage garnissant les pizzas ? Les cuvées millésimées ou le champagne rosé sont plus onéreux, mais une bouteille de brut non millésimé ne revient guère plus cher qu'un bon vin. Évitez-le seulement avec les sauces très épicées ou très crémeuses, ainsi qu'avec les rares ingrédients qui neutralisent ses arômes : les artichauts, les asperges et le chocolat. On peut aussi cuisiner au champagne ; c'est beaucoup plus élégant qu'avec un banal vin blanc et, comme quelques larmes suffisent, vous pourrez boire le reste de la bouteille à table.

Voici une recette parfaite pour un dîner en tête à tête, qui impressionnera à coup sûr. Quand je sers ce poulet au champagne, on m'en demande le secret, persuadé que j'ai passé des heures aux fourneaux. En réalité, sa préparation prend à peine plus d'une demi-heure et ne nécessite aucune adjonction de graisses puisque le poulet mijote dans du champagne. L'utilisation de vin en cuisine parfume les plats sans alourdir leur teneur calorique, l'alcool s'évaporant au cours de la cuisson. Vous pouvez employer du vermouth, du Pernod ou du vin blanc, mais pour apporter une touche de raffinement, rien ne vaut le champagne. Comme elle est très rapide, je prépare volontiers cette recette en semaine. Une fois mise en route, elle ne demande aucune surveillance, cela vous laisse donc tout le temps de vous consacrer au reste du dîner. Et comme elle est conçue pour quatre, si nous sommes seuls, je dépose des restes pour confectionner des sandwichs au poulet plutôt chics.

POULET AU CHAMPAGNE

Pour 4 personnes

Commencez par acheter un poulet fermier ou encore mieux, bio. Au chapitre champagne, je recommande – évidemment – du Veuve Clicquot brut carte jaune. Non pas seulement parce que je travaille pour cette maison : j'ai un faible pour sa saveur si particulière. On trouve quantité de vins pétillants en France et ailleurs, mais aucun n'égale le champagne. Et même si ces mousseux peuvent se révéler très différents les uns des autres en fonction des cépages utilisés, du travail de vinification et de leur âge, il faut considérer deux aspects. Primo, qu'il soit sec ou brut. Or, avec le poulet, nul besoin de douceur, d'où l'intérêt d'un champagne brut, austère et assez acide. Secundo, les parfums qu'il va communiquer à la viande. Le champagne Veuve Clicquot est réputé pour son corps et sa saveur complexe, car il se compose principalement de raisins noirs (pinot noir et pinot meunier) avec environ un tiers de chardonnay.

INGRÉDIENTS

4 poitrines de poulet (avec la peau et les os)
Sel, poivre fraîchement moulu
Ciboule, estragon ou thym (facultatif)
1 échalote coupée en quatre
2 verres de champagne (Veuve Clicquot brut carte jaune, de préférence)

1. Disposez les poitrines de poulet, la peau en dessous, dans un plat à gratin et assaisonnez-les. Arrosez-les d'un verre de champagne (10 cl). Incisez les morceaux de volaille et glissez un quartier d'échalote dans la fente obtenue.
2. Placez le plat sous le gril pendant 3 minutes. La peau des poitrines de poulet doit commencer à dorer. Retournez-les et faites-les cuire 5 minutes.
3. Sortez le poulet du gril, arrosez-le de son jus de cuisson et ajoutez le reste du champagne. Réglez votre four sur 245 °C et laissez cuire 30 minutes en arrosant une ou deux fois.
4. Servez avec du riz complet.

Ce plat se marie aussi fort bien avec des champignons sautés (tout comme le champagne). Pour préparer ceux-ci, faites revenir pendant quelques minutes des champignons nettoyés et coupés en morceaux dans un peu d'huile d'olive. Ajoutez quelques gouttes de jus de citron, un peu de sauge hachée de frais, du sel, du poivre et une noisette de beurre. Versez le jus de cuisson du poulet sur la viande et le riz. Servez accompagné du reste du champagne (environ six coupes).

Même si le champagne demeure mon premier choix en matière de vin, en son absence, j'apprécie tous les bons vins (lesquels ne sont pas nécessairement hors de prix, soulignons-le) et j'ai des « chouchous » dans presque toutes les régions productrices du monde. Parmi les vins blancs secs, outre le chablis, le meursault et le riesling de ma chère Alsace, j'affectionne certains sauvignons blancs de Nouvelle-Zélande et des chardonnays de la Napa Valley (Californie). Pour les rouges, je préfère les crus relativement légers et ronds en bouche, comme le volnay et les autres pinots noirs, les vins de Toscane ou les côtes du Rhône. En revanche, je n'aime guère les cabernets corsés et tanniques, hormis avec certains mets exigeant de tels comparses.

À mesure que j'avance en âge, mon organisme s'accommode mieux de repas placés sous le signe d'un ou deux types de raisin que de changements de cépages plus nombreux, et je ne bois jamais d'alcool fort. En matière de vin, vous devrez vous aussi apprendre lesquels vous « réussissent » le mieux ; mes premiers choix sont les chardonnays et les pinots noirs. Goûter à des cépages différents est une bonne manière de s'initier au vin. Je ne vais pas disserter ici sur les mariages mets-vins, mais il est sans conteste des unions plus heureuses que d'autres. En voici quelques exemples : pinot noir et saumon ou canard, cabernet sauvignon et steaks ou grillades, zinfandel et dinde, chardonnay et poulet ou homard, sauvignon blanc et crevettes, et champagne avec presque tout. Je m'en tiens en général aux deux règles suivantes. 1°) du vin rouge avec les viandes et du blanc avec le poisson et la volaille ;

2°) oubliez la règle numéro un et agissez à votre guise au gré de vos envies (notez néanmoins les combinaisons qui vous séduisent).

Les autorités sanitaires et notre raison nous recommandent de boire avec modération, mais comment définir ce niveau de consommation « raisonnable » ? Les femmes doivent en général boire moins que les hommes ; pour ma part, un ou deux verres par jour me conviennent à merveille. J'avoue d'ailleurs avoir du mal à apprécier réellement un repas sans vin.

Cela dit, nous sommes tous soumis de temps à autre à la tentation d'augmenter cette dose. Songez à ces longs repas au restaurant, aux réveillons et autres repas de fête où votre verre semble se remplir encore et encore, comme par magie. Par exemple, mon travail me place en permanence dans cette position ; mais je me raisonne, car l'excès d'alcool désinhibe, et cela peut conduire à flirter avec le suicide professionnel, et, en plus, il incite à trop manger (très mauvais pour mon équilibre) !

J'ai appris un truc utile dès le début de ma carrière, dans une grande maison de champagne organisant chaque jour des déjeuners et des dîners de vingt à trente couverts. Cette entreprise employait un personnel de service à plein temps et une chargée de relations publiques faisant office d'hôtesse, une charmante comtesse approchant la cinquantaine.

Un jour, on nous servit six vins au cours d'un déjeuner qui dura plus de trois heures. Certains convives se levèrent nettement gais, mais la comtesse était fraîche comme une rose. Ayant surpris mon regard admiratif, elle me prit à part pour m'expliquer son petit secret : lors des repas, elle limitait son apport total à un verre de vin, se bornant la plupart du temps à *feindre* de boire. Elle me recommanda de l'observer au dîner. En sa qualité d'hôtesse, elle était le point de mire. Pourtant, nul ne le remarqua : elle se contentait de tremper ses lèvres dans son verre, buvant tout au plus quelques gouttes. Les serveurs remplissaient les verres des autres convives, mais pas le sien : il était encore plein. Certains avaient déjà bu deux ou trois verres, et notre hôtesse à peine un tiers de son vin. Elle répéta ce manège pour chacun des plats et des vins, si bien qu'elle ne dépassa pas son quota d'un verre tout en projetant une parfaite image de convivialité. Si je n'avais pas suivi son précieux conseil, je n'aurais pas survécu à un emploi exigeant, que, tout comme cette comtesse, je reçoive couramment à midi *et* le soir. Et quand vous vantez les plaisirs de la table et du vin, vos invités du dîner ne doivent surtout pas soupçonner que vous avez déjà fait un déjeuner gastronomique bien arrosé...

9

PAIN ET CHOCOLAT

J'ai récemment vu à Paris une pièce de théâtre intitulée *Les Mangeuses de chocolat* : trois jeunes accros au chocolat décident de tenter une thérapie de groupe sous la férule d'une « chocomaniaque » repentie, laquelle s'efforce de les aider à découvrir l'élément déclencheur pour permettre de se libérer de cette substance. Pas de surprise : toutes échouent et aucune solution n'est proposée – ce n'est pas le propos. En revanche, le texte contient de bonnes répliques, souvent fort justes, ma foi. Un exemple : un sondage révèle que neuf personnes sur dix admettent adorer le chocolat... et que la dixième ment.

Cette pièce tourne en dérision notre passion nationale pour le chocolat, mais aussi notre obsession contemporaine pour la thérapie. Je me suis bien amusée, hormis lorsque les comédiennes ont évoqué les femmes qui mangent du chocolat en cachette. Dites-moi qu'il s'agissait d'un gag ! Malheureusement, de plus en plus de femmes s'accordent des plaisirs gustatifs « en douce » : cela me navre. Il faut arrêter de penser au péché de gourmandise. Si vous adorez vraiment un aliment (comme moi le chocolat), il mérite une place au grand jour dans votre existence. Car on ne peut profiter pleinement d'un plaisir savouré dans la honte. Aucun aliment n'est « interdit » : vous devez juste l'intégrer intelligemment à votre équilibre alimentaire.

Les Françaises consomment en moyenne près de six kilos de chocolat par an ; elles mangent aussi du pain – nos ancêtres ont même déclenché une révolution à ce propos ! Et pourtant, la plupart d'entre elles ne grossissent pas ! Voilà un autre élément du « paradoxe français » : faire comme si vos aliments chéris n'existaient plus ou s'efforcer de les bannir complètement de vos menus pendant une longue période conduit très probablement à prendre du poids. Le seul résultat à long terme d'un régime de privations s'appelle l'effet yoyo (les kilos perdus aujourd'hui reviendront la semaine prochaine ou le mois prochain). Ajoutons qu'il est d'autant plus absurde de se priver de pain et de chocolat que ces deux denrées sont bonnes pour la santé !

Pour manger du pain et du chocolat sans engraisser – oui, oui, c'est possible –, il suffit, une fois encore, de suivre les conseils du Dr Miracle ; en l'espèce, de faire travailler son cerveau. Réfléchissez au moyen d'obtenir une satisfaction maximale pour un « coût » minimal. Le médecin qui sauva ma ligne d'adolescente affirmait même que les menus plaisirs de la bouche constituaient la clé du succès d'un régime. Il m'avait d'ailleurs prescrit des prises régulières de chocolat, mais par petites doses. En clair, il s'agissait pour moi d'apprendre à en apprécier chaque bouchée. Voilà le secret des femmes gourmandes et pourtant minces : suivant la façon dont on le consomme, tout aliment peut se révéler votre ennemi ou votre ami. Savourez-le pleinement : en privilégiant la qualité à la quantité et en l'intégrant dans votre programme de bien-être, il se classera dans la seconde catégorie.

Je l'ai déjà admis, je raffole du chocolat, cela fait de moi une « chocomaniaque. » Je pense avoir hérité ce gène de ma mère, qui, outre son impressionnant éventail de recettes chocolatées, adorait en croquer nature. Aucun problème pour lui rapporter un cadeau de Suisse, de Belgique ou de n'importe quelle ville de France. Lors de la disparition d'un célèbre chocolatier lyonnais, sa notice nécrologique parue dans *Le Monde* précisait qu'il avait consommé une tablette de chocolat chaque jour de son existence ou presque. Nous avions déniché une personne ayant ingurgité plus de chocolat que Mamie... Cette anecdote devint une plaisanterie familiale. Mais comme ma mère a plus de quatre-vingt-dix ans et aime toujours le chocolat, je suis persuadée qu'elle a fini par battre ce record.

Si les habitudes de cet homme ne vous laissent pas pantoise, vous avez un problème avec le chocolat : une tablette par jour, c'est énorme ! Rares sont les individus capables d'en ingurgiter une telle dose tout en conservant une alimentation normale. De toute façon, pour le chocolat comme pour bien d'autres choses, l'important n'est pas la quantité mais la qualité. Lorsque ma mère en absorbait sa « dose », nul n'osait faire le moindre bruit, de peur de troubler son évidente concentration. La scène évoquait une séance de méditation zen. Et nous respections ce plaisir que Mamie s'offrait. Je plains les personnes incapables d'apprécier la texture sensuelle d'un carré de chocolat fondant dans la bouche, puis dans la gorge, et le mélange de saveurs qu'il dégage. Rien à voir avec une barre chocolatée engloutie en vitesse. Comment en sommes-nous arrivés à considérer ces confiseries comme du chocolat ?

Petit rappel historique : *Theobroma cacao*, le nom savant du cacao, signifie en grec « nourriture des dieux ». Comme bien d'autres « nouveautés », ce délice nous vient du Nouveau Monde, où il avait, semble-t-il, été découvert par les Olmèques (1500-600 avant J-C). Ce peuple en tirait un breuvage extrêmement amer et poivré, ainsi que des proto-barres énergétiques réservées aux prêtres, aux princes et aux guerriers. Ils croyaient que cet aliment magique accroissait leurs prouesses militaires et sexuelles, et les protégeait des morsures des serpents. La forme que nous connaissons remonte à des civilisations précolombiennes plus tardives qui se développèrent vers le IIIe siècle avant notre ère, quand les cacaoyers poussaient à l'état sauvage dans les sols chauds et humides des territoires actuels du Mexique et du Guatemala.

Pour les Aztèques et les Toltèques, le chocolat était à la fois un élixir et une unité de valeur ; leur commerce reposait sur l'étalon-cacao. Le chocolat produit, consommé par les aristocrates ou les marchands – les hommes uniquement – lors de banquets était encore très amer et poivré, mais on le mélangeait avec de la vanille, du miel et des fleurs, et on le servait froid et mousseux, en général à la fin du repas, en même temps que les tubes apportés pour fumer le tabac. Outre ses vertus énergisantes – il s'agissait manifestement d'un breuvage fortement caféiné –, il était réputé aphrodisiaque. En tout cas, l'empereur Montezuma en consommait en abondance dans des tasses d'or avant d'aller honorer ses femmes et ses concubines !

Les Européens goûtèrent ce breuvage à la suite du quatrième voyage de Christophe Colomb, en 1502, mais les Espagnols ne furent pas conquis. Il fallut attendre 1528 et le retour de Cortez, porteur d'une recette pour préparer les fèves de cacao, pour que la mode du chocolat envahisse l'Espagne puis l'Europe tout entière. Cette passion ne s'est jamais démentie depuis lors. On prête à la reine Marie-Thérèse, épouse de Louis XIV, cette déclaration : « Je n'ai d'autre passion que mon époux et le chocolat » (elle ne précisait pas dans quel ordre). Au XIXe siècle, Brillat-Savarin lui-même, le plus grand gastronome de l'histoire, proclamait : « Le chocolat, c'est la santé. » Et il le prescrivait comme remède bien avant que la science moderne n'ait démontré ses vertus thérapeutiques.

Dans sa version noire, la plus pure, le chocolat se révèle en effet l'ami du cœur ; il contient plus d'antioxydants que le thé noir ou le vin rouge, ainsi que du magnésium, du fer et du potassium, oligoéléments essentiels pour la santé féminine. Il renferme en outre de la sérotonine et de la théobromine qui agissent sur l'humeur via les neurotransmetteurs cérébraux, et soulagent donc anxiété et dépression.

Mais comme il s'agit aussi d'un aliment très gras, il vaut mieux le déguster seul, en en-cas remontant, ou à l'issue d'un repas léger qu'après un « festin ».

L'un des « progrès » industriels les plus déprimants réalisés au XXe siècle réside dans la production de masse de chocolat, laquelle a donné naissance à des produits de qualité inférieure. L'harmonisation des réglementations à l'échelle européenne autorise même désormais en France, comme c'est malheureusement le cas depuis longtemps ailleurs, l'utilisation de graisses autres que le beurre de cacao pour la fabrication du chocolat. Un salut nous vient cependant des nouveaux artisans passionnés qui fleurissent depuis une décennie environ et qui font revivre le vrai chocolat, celui que je vénère – non, le mot n'est pas trop fort ! Mon mantra « préférer la qualité à la quantité » est deux fois plus crucial s'agissant de chocolat.

Fabriquer un chocolat de qualité exige du temps et des efforts : il faut sélectionner les crus, puis surveiller la culture et la récolte des précieuses fèves. Viennent ensuite la fermentation et deux sessions de séchage, suivies de la torréfaction et de quelques autres étapes délicates avant d'obtenir du cacao brut. Si celui-ci est bon, les produits finis qui en sont extraits – liqueur de cacao, beurre de cacao et poudre de cacao – seront de premier choix. De ces trois ingrédients de base les artisans chocolatiers tireront les merveilles qui enchantent notre palais : des tablettes de chocolat à la ganache (un mélange de chocolat et de beurre, de crème fraîche ou d'un autre produit laitier) en passant par le praliné (mélange de sucre et d'amandes ou de noisettes grillées et de chocolat) ou les chocolats fourrés aux fruits ou à la liqueur.

La saveur d'un chocolat s'évalue en fonction de l'équilibre des notes sucrées, salées, acides et amères. L'acidité, que vous devez sentir à l'intérieur de vos joues, exerce un rôle essentiel dans la diffusion des arômes et dans la longueur en bouche du produit. L'amertume est perçue par l'extrémité de la langue ; elle indique un chocolat peu sucré et de qualité, sauf si elle masque toutes les autres sensations. La texture est importante aussi : l'homogénéité et le craquant du produit. Tout l'art du chocolatier consiste à jouer avec le yin et le yang du chocolat en équilibrant le sucré et le salé, la douceur et l'amertume, le croquant et le moelleux, le dur et le mou, le chaud et le froid. Voilà pourquoi les œuvres de tel maître chocolatier diffèrent si considérablement de celles d'un autre.

Le seul, le vrai chocolat est le chocolat noir amer, voire extra-amer, le plus pur est celui qui contient la plus forte proportion de cacao, lequel lui confère sa saveur chocolatée. Beaucoup d'amateurs privilégient des variétés qu'un véritable connaisseur n'envisagerait même pas de goûter, comme le chocolat au lait, le chocolat blanc ou les diverses variétés industrielles vendues en grandes surfaces. Ces produits regorgent de sucres, contiennent très peu de cacao, et souvent des colorants et des conservateurs artificiels (le vrai chocolat, tout comme le café fraîchement moulu, conserve peu de temps son plein arôme).

Nous autres Français vouons un véritable culte au chocolat. Des musées, des clubs et des magazines lui sont consacrés. Il existe aussi une université du chocolat, une Académie du chocolat et des salons du chocolat. On organise des séances de dégustation, ainsi que des compétitions du meilleur soufflé au chocolat ou du meilleur macaron au chocolat. Certains Parisiens traversent la moitié de la capitale simplement pour acheter leurs « grains de café » chez un fournisseur déterminé. Lorsque je rapportais un bon carnet scolaire, ma mère déclarait : « Tu mérites une médaille en chocolat. » La plus belle des récompenses, à mes yeux...

Le chocolat a su garder sa place dans la société du XXIe siècle ; on entend encore souvent des femmes annoncer : « Je déprime, donc je chocolate. » Lorsque vous aurez découvert le potentiel gustatif et apaisant du bon chocolat, vous ne verrez plus d'inconvénient à le payer un peu plus cher. Par chance, avec le chocolat de qualité, on n'éprouve nul besoin – du moins vous ne devriez pas éprouver le besoin – d'en manger énormément pour se régaler. Deux petits morceaux de choix au quotidien ne mettront en péril ni votre budget ni votre ligne. Pour ceux qui ne disposeraient pas de vendeurs de qualité à proximité de chez eux, signalons que l'on vend désormais via Internet de succulents chocolats noirs.

Bien entendu, il suffit d'utiliser un soupçon de cette « nourriture des dieux » pour transformer le dessert le plus banal en un véritable sacrement... Voici quatre de mes recettes familiales favorites, autour du chocolat.

RIZ AU LAIT AU CHOCOLAT

Pour 4 personnes

Cet entremets délicieusement réconfortant d'hiver se prépare en un tournemain. Laissez-le épaissir dans la cuisine jusqu'à l'heure du dessert.

INGRÉDIENTS

1/2 l de lait
115 g de sucre
1 pincée de sel
200 g de riz arborio
1/2 cuillerée à café d'extrait de vanille pur
85 g de chocolat noir (à 80 % de cacao de préférence) cassé en petits morceaux

1. Versez le lait, le sucre et le sel dans une grande casserole et portez le tout à ébullition à feu doux. Ajoutez le riz et laissez-le cuire à feu très doux pendant 20 minutes en remuant de temps à autre, jusqu'à ce qu'il ait absorbé tout le lait sucré (si le mélange devient trop collant, ajoutez un peu de lait). Ajoutez l'extrait de vanille ; mélangez bien.
2. Versez dans quatre ramequins individuels et, à l'aide d'une cuillère, insérez les morceaux de chocolat au cœur du riz au lait. Laissez reposer à température ambiante. Le chocolat va lentement fondre pour se mêler aux autres ingrédients. Laissez vos invités déguster ce dessert à leur guise, en mélangeant tous les ingrédients ou en mangeant d'abord le riz et en réservant le cœur de chocolat fondu pour la fin – question de goût... et décision délicate !

FAUX SOUFFLÉS CHOCOLAT-EXPRESSO

Pour 4 personnes

Rien de plus facile à préparer qu'un soufflé... une fois assimilée la technique de ce plat, qu'on l'a mise en pratique un certain nombre de fois. En revanche, ce type de recette n'est pas très commode lorsqu'on reçoit : il exige que vous abandonniez vos invités pour le surveiller ; à cela s'ajoute le risque de voir le soufflé s'affaisser prématurément... Voici donc une recette de soufflé froid qui se prépare à l'avance et impressionnera à coup sûr les convives les plus blasés.

INGRÉDIENTS

230 g de chocolat noir (70 % de cacao au minimum)
4 blancs d'œufs
Sel
4 jaunes d'œufs
2 cuillerées à soupe de café fort

1. Faites fondre le chocolat au bain-marie à feu moyen.
2. Battez les blancs d'œufs en neige bien ferme avec une pincée de sel.
3. Ajoutez les jaunes d'œufs au chocolat fondu, puis le café. Mélangez bien. Incorporez délicatement un tiers des blancs d'œufs en neige à cette mixture, répétez l'opération avec la moitié des blancs restants, puis avec le reliquat.
4. Versez l'appareil dans quatre moules que vous recouvrirez de film plastique. Réfrigérez pendant 4 heures avant de servir.

N.B. Cette recette contenant des œufs crus est déconseillée aux femmes enceintes, aux jeunes enfants, aux seniors et à toutes les personnes immunodéprimées. Les autres choisiront de préférence des œufs bio, plus sains et plus savoureux.

MOUSSE AU CHOCOLAT

Pour 6 personnes

Comme nombre de familles, la mienne détient une bonne douzaine de recettes de mousse au chocolat. Toutes sont délicieuses, mais j'apprécie la légèreté aérienne de celle-ci, qui ne contient ni beurre ni café, fort peu de sucre et plus de blancs d'œufs que de jaunes : idéal après un repas un brin copieux.

INGRÉDIENTS

115 g de chocolat noir (à 80 % de cacao de préférence)
1 cuillerée à soupe de sucre
3 jaunes d'œufs
5 blancs d'œufs

1. Faites fondre le chocolat au bain-marie à feu moyen.
2. Hors du feu, ajoutez le sucre, puis les jaunes d'œufs, un à un ; mélangez bien.
3. Battez les blancs d'œufs en neige bien ferme. Incorporez-les délicatement à l'appareil.
4. Versez cette mousse dans un plat de service, recouvrez-la de film plastique et laissez prendre une nuit au réfrigérateur.

TARTINE AU CACAO

Pour 1 personne

Le goûter traditionnel des enfants convient fort bien en dessert, en en-cas ou même en guise de dîner. Notre nounou adorait les soirs où, nous ayant donné un repas complet et bien équilibré à midi, elle pouvait se contenter de nous préparer cette tartine ultrarapide et rentrer plus tôt chez elle. Un bémol, à ses yeux : il lui fallait invariablement débarbouiller mon museau couvert de cacao avant de partir. L'enfant qui sommeille encore en moi adore se préparer de temps à autre ces tartines vespérales.

INGRÉDIENTS

30 g de crème fraîche (ou de petit-suisse, ou de fromage blanc)
1 tranche de pain de campagne épaisse
1 cuillerée à soupe de poudre de cacao

1. Étalez une bonne couche de crème fraîche sur le pain et saupoudrez de poudre de cacao.
2. Servez avec une tasse de chocolat chaud maison.

Une petite mare de chocolat fondu représente le support idéal pour un fruit poché et apporte une touche de raffinement à un dessert banal.

Le pain quotidien

Un célèbre restaurateur new-yorkais récemment rencontré lors d'un dîner me demanda : « Ne trouves-tu pas terrible que plus personne à New York ne mange de pain ? » De fait, avec la mode des régimes appauvris en glucides, le pain semble être devenu l'ennemi public numéro un dans la Grande Pomme. Cela me désole de voir tant de gens renoncer à l'un des plaisirs basiques de l'existence au nom d'une stratégie d'amincissement vouée à l'échec. Il me paraît encore plus navrant que les tenants de cette stratégie préfèrent mettre leur appareil cardiovasculaire en péril plutôt que de laisser un quignon franchir leurs lèvres. Le pain fait grossir, pensent-ils. Rien de plus ridicule ! Évidemment, à l'instar de la plupart des aliments, le pain consommé en quantité excessive fait grossir, pourtant il n'est en soi absolument pas nocif. L'éliminer de ses menus est donc consternant, probablement malsain... et contraire à tous les préceptes nutritionnels français. On doit à Alfred de Musset une pièce de théâtre intitulée *On ne badine pas avec l'amour*. Ce précepte vaut aussi pour le pain, l'une de ces premières amours que l'on n'oublie jamais.

Ne vous méprenez pas : je ne prétends pas que cet aliment est indispensable à une bonne santé. Des millions, sinon des milliards, d'habitants de notre planète se portent fort bien sans jamais en absorber. Mais si, comme moi, vous appréciez le bon pain, sachez que vous pouvez en déguster tout en préservant votre poids.

Le bon pain est riche en fibres alimentaires, lesquelles jouent un rôle vital dans le transit intestinal. Or une bonne alimentation doit promouvoir aussi bien une bonne digestion que la satisfaction des papilles. Le pain traditionnel français ne contient pas de matières grasses et se révèle dans l'ensemble plutôt léger. Cela n'empêche pas les Françaises de respecter certaines règles s'agissant de sa consommation : ne pas en abuser et ne pas en manger avant l'entrée, ce qui permet d'éviter un des grands dangers des repas au restaurant : la « pré-entrée » à base de pain. Une précieuse tactique pour conserver sa ligne. Sauf si vous êtes sur le point de tomber d'inanition, vous pouvez patienter dix minutes de plus pour économiser un apport calorique conséquent et réserver votre estomac aux mets que vous avez commandés.

En revanche, n'hésitez pas à manger une ou deux tranches de pain *avec* votre repas ou en guise de repas. Une tranche de baguette épaisse de deux à trois centimètres n'est pas plus calorique qu'un fruit et les glucides complexes qu'elle renferme sont libérés plus lentement. Avec un petit supplément comme deux ou trois sardines, une lamelle de truffe ou tout autre ingrédient de votre choix, et un peu de beurre, vous obtiendrez un merveilleux petit repas équilibré et fort agréable. Les tartines beurrées conviennent à merveille au petit déjeuner, comme le classique jambon-beurre au repas de midi. Rappelez-vous qu'un sandwich est avant tout l'occasion de manger du pain (son contenu devant demeurer anecdotique, évitez ceux qui enserrent un contenu abondant entre deux minces tranches de pain). Non que l'on ait besoin d'une occasion particulière, d'ailleurs ; ma mère décapitait presque invariablement la baguette de midi vers 11 heures du matin et en croquait un morceau en guise de coupe-faim.

Toutes ces considérations s'appliquent au seul pain traditionnel des boulangeries. On voit apparaître de plus en plus, en Europe comme aux États-Unis, des produits de qualité inférieure, à cent lieues des variétés classiques à base de farine, d'eau et de levain.

Cela dit, à Paris, on voit encore des clients se plaindre de la médiocrité du pain au patron d'un bistrot de quartier. Et lorsque je suis retournée dans cet endroit, j'ai pu constater que le patron avait changé de fournisseur. Ça, c'est Paris !

Rappelons aux néophytes qu'une baguette se doit d'être croustillante et dotée d'une mie aérienne, et qu'un pain au levain doit s'avérer moelleux avec une touche d'acidité. On ne mange évidemment pas n'importe quel pain avec n'importe quoi. Avec les huîtres, par exemple, on sert le plus souvent du pain de seigle, en général composé de deux tiers de farine de seigle pour un tiers de farine de blé ; le fromage, lui, se marie à merveille aux pains agrémentés de noix ou de noisettes ; quant au pain aux olives, venu de Provence, il connaît actuellement une grande vogue auprès des plats méditerranéens, en particulier ceux à base de poisson. Jamais ordinaire, le pain représente une joie immense et une fabuleuse expérience gastronomique.

Même en France, l'art de la fabrication du pain a connu des hauts et des bas. Des années 1960 aux années 1980, notre pays a traversé une véritable crise en la matière, les méthodes et les outils traditionnels se voyant remplacer au nom du progrès par des techniques et des équipements industriels ou semi-industriels. Les boulangeries se mirent à vendre du pain fabriqué à la chaîne, que le boulanger se contentait de recuire. Ne parlons pas des pains décongelés dont la croûte s'éparpillait en miettes sèches au moindre contact. Cette période est heureusement révolue, même s'il en reste des vestiges sous plastique au rayon « boulangerie » des hypermarchés. L'Américain Steven Kaplan, professeur à l'université Cornell, francophile et amoureux du pain, et le Premier ministre Édouard Balladur firent voter en 1993 une loi qui remit en vigueur les normes traditionnelles de fabrication du pain en France. Cette loi régule la qualité de la farine employée, la teneur en levure, les techniques de fermentation et le goût du produit fini. Aujourd'hui la tradition est en de bonnes mains, celles d'une nouvelle génération d'artisans boulangers qui mettent un point d'honneur à faire mieux que leurs prédécesseurs.

J'ai également vu avec bonheur de véritables boulangeries s'ouvrir peu à peu dans les rues des villes américaines. Mais celles de mes compatriotes d'adoption qui n'ont pas la chance de disposer d'un tel artisan à proximité de chez elles connaissent la situation que j'ai vécue lors de mon installation à New York. L'absence de pain digne de ce nom au regard de mes critères français m'a obligée à faire une chose inhabituelle : apprendre à fabriquer mon pain et, chose plus délicate encore, mes croissants, afin de satisfaire l'envie récurrente qui m'envahissait chaque dimanche matin et qu'aucun produit confectionné sur place ne parvenait à combler.

À celles qui considèrent que cuire son pain et ses viennoiseries relève d'un retour au Moyen-Âge et s'apprêtent à me suggérer de laver mon linge dans la rivière, je répondrai par cette phrase de la grande gastronome américaine MFK Fisher, dans son ouvrage *The Art of Eating* : « Nul exercice de yoga, nulle méditation dans une chapelle emplie de musique ne vous remontera le moral plus efficacement que la simple tâche de fabriquer votre propre pain. » Je ne prétends pas pouvoir rivaliser avec les meilleurs boulangers de mon pays natal... mais quel plaisir que de préparer son pain, de le sentir cuire et de le goûter à peine sorti du four ! Qui n'a jamais goûté de pain cuit tout juste sorti du four ne peut comprendre ce plaisir rare. D'ailleurs, lors de mes séjours à Paris, le programme de mes week-ends est largement déterminé par les horaires des fournées de mon boulanger préféré et, à New York, alors même que l'on trouve aujourd'hui des croissants d'excellente qualité, mes amis continuent à affluer le dimanche matin pour déguster les miens. Le plaisir des choses simples faites à la maison... Essayez, à l'occasion, un week-end, de cuire du pain : vous comprendrez.

PETITS PAINS AU PAVOT

Pour 12 petits pains

Ma mère et ma tante Berthe n'utilisaient jamais de livre de cuisine, ni même de recettes notées noir sur blanc. J'ai donc reconstitué celle qui suit au mieux de mes souvenirs... mais mes petits pains ne valent pas ceux de ma tante. Vous pouvez remplacer les graines de pavot par des graines de cumin, à l'alsacienne.

INGRÉDIENTS

1 œuf
1 cuillerée à soupe d'eau
300 ml de yaourt nature (fait maison selon la recette de la p. 177 ou yaourt traditionnel)
4 cuillerées à soupe d'huile d'olive
350 g de farine non tamisée
2 cuillerées à soupe de sucre
1 cuillerée à café de sel
1 cuillerée à soupe de levure chimique
1 cuillerée à café de graines de pavot

1. Mélangez l'œuf et l'eau ; réservez.
2. Battez le yaourt avec l'huile d'olive jusqu'à obtenir une mixture homogène. Mélangez la farine, le sucre, le sel et la levure chimique. Creusez un puits au centre, pour y verser le yaourt additionné d'huile d'olive. Mélangez le tout à la main jusqu'à obtenir une pâte homogène ; pétrissez-la jusqu'à ce qu'elle cesse d'être collante et prenne une consistance souple.
3. Préchauffez votre four à 200 °C. Formez douze petits pains ronds et disposez-les sur une feuille de cuisson. Enduisez-les au pinceau de la mixture d'œuf et d'eau, puis saupoudrez-les de graines de pavot. Effectuez une incision en forme de croix au sommet de chaque pain. Faites cuire pendant 30 minutes ou jusqu'à ce que les pains soient dorés. Ils sont excellents chauds, mais vous pouvez, bien entendu, les laisser refroidir pour les servir à température ambiante.

Le pain au restaurant

Je dîne rarement avant 20 h 30, une heure tardive au regard des habitudes en vigueur dans mon pays d'adoption. Mais ma journée commençant dès 7 heures du matin, j'éprouve le besoin physiologique et psychologique d'absorber quelque chose avant le dîner. Il m'a donc fallu un certain entraînement pour apprendre à m'en tenir à un verre de champagne ou d'eau avant l'arrivée de mon entrée... Autrefois, à peine assise, je me précipitais sur la corbeille de pain. Comme je l'ai déjà raconté, j'ai pris conscience de ce travers bien après mon traitement sous la férule du Dr Miracle. On doit, en effet, savoir débusquer les mauvaises habitudes acquises, qui peuvent apparaître à tout âge... L'ennemi identifié, il ne me restait plus qu'à réagir, en réduisant ma consommation pré-prandiale de pain ; les résultats ne se sont pas fait attendre. Éliminer de douze à quinze morceaux de pain superflus par semaine permet en outre de se « lâcher » intelligemment sur d'autres aliments.

10

BOUGER À LA FRANÇAISE

L'écrivain Colette fut la première Française à faire de l'exercice à l'américaine. Tous les matins, elle se rendait dans son gymnase, lequel rassemblait une collection d'appareils « primitifs » qu'elle emportait même en voyage. Une telle attitude demeure cependant peu répandue en France car, si nous souscrivons tous au principe d'« un esprit sain dans un corps sain », il ne nous paraît pas indispensable pour ce faire d'enfiler une tenue particulière ni de transpirer abondamment. Perdre ainsi deux heures par jour (entre le trajet jusqu'à la salle de sport, le passage au gymnase, l'attente devant les machines, la douche, le rhabillage, etc.) est une perspective bien peu attrayante. « Et en plus, il faut payer pour ça », ronchonne mon amie Sylvie. Bref, on s'inscrit dans une salle « pour voir » – ou pour suivre les tendances venues d'outre-Atlantique –, mais on ne s'y montre guère assidu... et on ne tarde pas à cesser de s'y rendre. Même chose pour les tentatives de jogging dans les parcs et jardins de nos villes.

En matière de dépense physique comme de nourriture, il faut trouver le moyen de se faire plaisir. Si vous aimez jouer au tennis ou nager, ne vous en privez surtout pas ; si vous aimez courir, allez-y, amusez-vous bien ! En revanche, ni le sport obligatoire ni l'idée de la minceur par la souffrance ne sont compatibles avec la culture française.

En outre, l'excès de sport, tel que nombre d'Américaines le pratiquent, risque de devenir l'ennemi de votre ligne. Non content de ne guère procurer d'avantages par rapport à une activité plus raisonnable, le stakhanovisme peut conduire au défaitisme – « Je n'y arriverai jamais ! » – et à une compensation alimentaire trop importante. Je connais quantité de femmes qui se forgent un appétit d'ogresse à force de sport intensif. Ne parlons même pas des aliments malsains proposés dans les cafétérias des clubs de remise en forme, auxquels il est bien difficile de résister après deux heures sur des machines diverses : jus de fruits, gâteaux sucrés, barres hyperprotéinées... De quoi réduire à néant tous ses efforts avant même d'avoir franchi la porte. En outre, à l'instar de tous les rythmes de vie frénétiques impossibles à maintenir durablement, celui-ci conduit inévitablement à l'échec.

Depuis que je vis aux États-Unis, j'ai pu constater que les femmes de ce pays ne semblent connaître que deux rythmes : rester assises ou faire une séance de sport, tandis que les Françaises bougent de manière nettement plus régulière. Pour maintenir son équilibre physique comme son équilibre alimentaire, il faut faire travailler son cerveau et son corps de concert. Objectif : introduire une plus grande variété de mouvements dans notre existence, de façon à les alterner sans même y penser.

Bouger doit devenir partie intégrante de votre quotidien. Songez à l'éventail des possibilités offertes au cours d'une journée normale, sans enfiler une tenue de sport ni se rendre dans un établissement spécifique. Concrètement, il pourra s'agir de faire quelques pas de plus dans votre jardin, de porter des documents dans le bureau de vos collaborateurs au lieu de les envoyer par courrier électronique, d'aller au bureau à vélo ou encore de repasser vous-même les vêtements de la maisonnée. Le but du jeu : mener une vie active. C'est la meilleure méthode pour surmonter les blocages psychologiques suscités par la perspective de s'adonner régulièrement au sport. Les avantages sans les inconvénients : que demander de plus ? Et si vous estimez que votre activité professionnelle vous laisse trop peu de temps libre pour envisager de tels ajustements, sachez-le : la fatigue et le stress de la vie moderne sont le plus souvent liés à une sédentarité excessive.

À pied

Voici quelques statistiques concernant nos voisins les Suisses. Quoique premiers producteurs et premiers consommateurs mondiaux de chocolat (une dizaine de kilos par an et par habitant), ils n'affichent pas le tour de taille que l'on prêterait à de tels gourmands. Sans doute est-ce parce qu'ils effectuent la plupart de leurs déplacements à pied ou à vélo. Les Français s'activent un peu moins, mais ils mangent aussi un peu moins de chocolat...

Lors de chaque semaine passée en France, nous perdons environ un kilo l'un comme l'autre, au plus grand étonnement de mon mari, qui a le sentiment que nous mangeons plus qu'à l'accoutumée. Ce paradoxe apparent s'explique par le fait que nous marchons énormément !

Signalons aux incrédules que peu de sports sont aussi bénéfiques que la marche à pied, laquelle fait travailler toute la jambe, des pieds jusqu'aux fessiers, en particulier si on allonge le pas. On sait de plus que cette activité est aussi efficace que la course, sur le plan cardiovasculaire, tout en traumatisant beaucoup moins les articulations.

Je vous conseille d'augmenter votre quota de marche à pied des deux manières suivantes.

D'abord, intégrez à votre emploi du temps des promenades supplémentaires. Ne pensez pas marches forcées, mais plutôt balades d'un bon pas. Commencez modestement, puis accroissez progressivement la durée de ces échappées. Que vous parcouriez à pied une partie du trajet séparant votre domicile de votre bureau ou que vous preniez l'habitude d'effectuer une promenade de vingt minutes chaque soir après le dîner – excellent pour la digestion et l'évacuation des tensions de la journée –, tâchez d'ajouter ainsi trois heures de marche par semaine. Une tactique efficace et sans douleur pour s'affiner. Et quand vous en constaterez les effets, cela vous encouragera dans cette voie. Où que je me trouve, je commence presque toujours la journée par une mise en jambes de vingt minutes avant de prendre mon petit déjeuner.

En second lieu, efforcez-vous d'accroître votre quota de marche dans le cadre de vos activités normales. En clair, résistez à l'envie d'économiser vos foulées. Du temps gagné, ce sont des calories non brûlées... Alors, par exemple, quand vous attendez l'arrivée d'un rendez-vous, faites les cent pas dans votre bureau.

Ne croyez cependant pas que marcher soit si facile. Toute activité physique doit être accomplie intelligemment, dans la recherche de l'équilibre et de l'harmonie. Il existe une bonne et une mauvaise façon de marcher. Fuyez les rues bondées et évitez de trop vous charger. S'il va sans dire que les talons aiguilles ne constituent pas l'équipement idéal, vous n'êtes cependant pas condamnée aux chaussures de jogging. Choisissez des modèles à la fois élégants et confortables, de préférence à semelle de caoutchouc. Les parcs et jardins publics, ainsi que les routes secondaires de campagne, sont adéquats, mais le centre commercial voisin convient lui aussi. Je connais une dame de quatre-vingt-huit ans qui habite en banlieue et entretient sa forme en faisant chaque jour ses emplettes dans un hypermarché. Optez pour la solution la mieux adaptée à vos goûts. Au fur et à mesure que vous marcherez, vous affinerez vos préférences : les unes apprécient un cadre bucolique, les autres l'observation des passants.

En marchant, vous devez impérativement prêter attention à votre posture et à votre respiration. Gardez la tête haute, le menton levé et le dos bien droit, comme si vous regardiez un point au loin ou, pour les romantiques, comme si vous cherchiez votre amoureux du regard sur un quai brumeux. Surveillez aussi vos pieds (je connais des gens qui ont récolté une jolie quantité de piécettes par terre, rien qu'en regardant le sol de temps à autre). Détendez les épaules, puis étirez-les en arrière en sortant la poitrine. Imaginez qu'un petit ruisseau coule entre vos omoplates. Veillez à conserver cette position. Au bout de quelque temps, cela deviendra un automatisme. Quand on se tient mal en marchant, les maux dans le dos et le cou surviennent fatalement.

Inspirez et expirez lentement et profondément. Si vous vous concentrez sur votre respiration, vous conférerez à vos promenades une dimension de méditation. Comme à table, pensez à ce que vous êtes en train de faire afin d'en tirer un maximum de satisfaction. Au chapitre posture, servez-vous de vos bras et ne laissez pas votre poids reposer sur la partie avant du pied : répartissez-le du talon aux orteils. Et emportez *toujours* de l'eau : désaltérez-vous régulièrement. Vous verrez, c'est facile.

Pendant mes deux premières années d'études à Paris, j'effectuais chaque jour à pied le trajet tour Eiffel-Sorbonne, en variant les trajets (en évitant toutefois les rues émaillées de pâtisseries). Le week-end, ma colocataire et moi (elle aussi était provinciale) partions à la découverte de la capitale. Il devait souvent nous arriver de parcourir dix à douze kilomètres, en ne nous arrêtant que pour déjeuner et pour la petite récompense hebdomadaire que représentait une glace chez Berthillon, rue Saint-Louis-en-l'Île. À la fin, nous connaissions mieux Paris que la plupart des natifs de la ville.

Aujourd'hui, marcher m'offre toujours des moments privilégiés pour réfléchir. Peu à peu, les tensions s'apaisent et le bien-être m'envahit à mesure que je promène mon esprit en même temps que mon corps. Dans ces moments, on a conscience d'être vivant. Il faut parfois un certain temps pour se sentir à son aise dans cette « solitude ». Mais cet exercice réduit la propension à se mentir à soi-même ou à fuir. Vous n'en éprouverez plus l'envie.

Vous montez ?

N'oublions pas la troisième dimension dans laquelle l'être humain se meut. Je m'étonne toujours de voir des personnes qui n'habitent pas plus haut que le quatrième étage prendre invariablement l'ascenseur. Monter par l'escalier est pourtant tellement plus sain, sauf, bien entendu, si on est chargé. Dans ma jeunesse, en France, les ascenseurs étaient de toute façon encore peu répandus.Nul ne passe une heure d'affilée dans l'escalier, mais sachez tout de même que, tandis que vous dépensez 60 calories par heure quand vous dormez et que ce chiffre monte à 430 calories lorsque vous nagez, il plafonne à 1 100 calories quand on monte à pied. Vive l'escalier !

Pendant ma troisième année d'études à Paris, j'ai eu la chance de garder l'appartement d'une femme peintre qui passait le plus clair de l'année à Collioure, dans le Sud-Ouest. En échange, je bénéficiais d'une chambre et j'avais l'usage de tout l'appartement. Quand je le vis pour la première fois, j'imaginai les merveilleuses fêtes que je pourrais donner sur la terrasse avec vue sur la Sorbonne et le square Painlevé (une adresse prédestinée pour moi !), à proximité du musée de Cluny. Un emplacement fantastique. Seul bémol : l'appartement se trouvait au sixième étage sans ascenseur.

Quand je m'y suis installée, j'avais déjà perdu les kilos pris pendant mon séjour aux États-Unis, mais si tel n'avait pas été le cas, la question aurait été vite réglée. Je me mis à perdre du poids sans effort, en particulier en mai-juin, pendant la période des examens : je ne cessais de descendre réviser dans le square et de remonter pour déjeuner, aller aux toilettes ou chercher un bouquin manquant, ou encore mes classeurs pour aller en cours. Je gravissais donc mes quatre-vingt-neuf marches six à huit fois par jour. L'été venu, je flottais dans mes vêtements malgré ma dose quotidienne de pain et de chocolat, et quantité de repas au restaurant entre amis. Quand vint le moment d'enfiler mon maillot, les bienfaits de l'escalier étaient bien visibles... et moi ravie. De là date ma passion pour les escaliers, que je recherche avec autant de zèle que la plupart de mes connaissances américaines mettent à les éviter.

Quand nous nous sommes établis à New York, nous habitions au troisième étage d'une maison de brique du West Village. Je n'oublierai jamais l'arrivée, totalement hors d'haleine, de nos tout premiers invités... Aujourd'hui, nous habitons le dernier étage d'un building de quinze étages, avec ascenseur, bien sûr, ce qui dispense nos amis de pareil effort. Mais, à la grande stupéfaction de mes voisins, je prends l'escalier sans difficulté plusieurs fois par semaine – cent vingt-cinq marches, je compte toujours. La grande panne d'électricité d'août 2003 fut à mes yeux un moment révélateur : je dépassais des voisins de vingt-cinq ou quarante ans obligés de reprendre leur souffle après six, huit ou dix étages. Je précise au passage que l'immeuble comporte une salle de sport. Manifestement ma méthode était plus efficace.

En dépit de sa fascination pour le sport, les dernières méthodes de gym et les athlètes, l'Amérique méprise les expédients les plus ordinaires pour garder la forme. Je me dis parfois que les appareils des salles de sport sont un vestige du puritanisme, des instruments d'auto flagellation avec lesquels on expie trop d'heures passées devant la télévision et en repas trop riches. C'est sans doute parce que la France ne connaît pas ce manichéisme qu'elle préfère des systèmes plus doux.

Si simple que cela puisse paraître, ajouter quelques marches à son parcours quotidien n'est pas toujours faisable ; il pourra aussi arriver que votre médecin s'y oppose (demandez toujours un avis médical avant de vous lancer dans un quelconque exercice physique). Dans ce cas, il existe d'autres moyens d'accroître votre dépense calorique quotidienne. Comme en matière alimentaire, tout est affaire de compensation. Vous devriez trouver votre bonheur dans les éléments du « confort moderne » : de nombreux objets destinés à nous simplifier la vie, des télécommandes aux draps ne nécessitant pas de repassage, ont en pratique contribué à nous rendre encore plus sédentaires. Des études ont d'ailleurs montré que les Amish[1] présentaient moins de problèmes de poids que la moyenne des Américains. Si vous ne considérez plus les travaux ménagers comme des corvées mais comme une sorte d'exercice zen, vous favoriserez grandement le maintien de votre ligne et de votre santé. Encore une fois, choisissez des tâches pas trop rebutantes. Croyez-le ou non : faire le ménage peut mettre de bonne humeur. Rien de tel que la satisfaction d'un travail mené à bien dans un monde de plus en plus complexe où la plupart de nos projets mettent plusieurs semaines à se concrétiser.

Nos contemporains estiment souvent que la marche à pied est un exercice tout juste bon pour les personnes trop âgées pour faire « vraiment » du sport. Or elle se révèle formidable pour les femmes de tous âges. Vous pourrez l'intensifier ou l'alléger à votre gré en fonction des résultats obtenus. N'oubliez pas : préserver sa ligne exige des ajustements permanents. Très vite, cette hygiène de vie deviendra pour vous une seconde nature.

Mouvements et exercices faciles

Ne croyez pas que je regrette l'époque où nos aïeux se cassaient le dos et les reins en travaux fermiers, mais je pense que nous sommes allés trop

1. Secte protestante nord-américaine qui vit toujours à l'heure du XVIIIe siècle, et dont les coutumes furent dépeintes dans le film *Witness*, avec Harrison Ford.

loin dans l'abandon de toute activité physique. En plus, nous employons trop souvent le temps ainsi gagné à nous tracasser à propos de notre travail ou de notre famille.

Un brin d'exercice régulier vous gardera en forme jusqu'à la cinquantaine, mais, à partir d'un certain âge, les femmes perdent inévitablement en densité musculaire et osseuse. Le moment est venu d'envisager un soupçon de musculation, afin de corriger cette tendance. Colette, la grande sportive, semble s'être tôt épuisée. Elle n'était pas particulièrement en forme sur ses vieux jours et éprouvait même des difficultés à marcher... De petits haltères (de 1,5 à 2,5 kg) utilisés dans le cadre d'exercices simples favorisent le maintien du tonus du haut du corps ainsi que la densité osseuse, et améliorent les bienfaits cardiovasculaires d'un mode de vie actif. À mesure que l'on avance en âge, il importe aussi de préserver sa sangle abdominale avec quelques exercices le matin au lever ; il n'est jamais trop tôt pour commencer car il s'agit des muscles qui maintiennent tous les organes vitaux en place. Ils garantissent en outre une bonne posture.

Vous pouvez également intégrer des mouvements de musculation à votre quotidien : par exemple, en sortant de votre douche ou de votre bain, essayez de garder les jambes tendues pendant que vous vous essuyez les orteils. Pendant que vous attendez dans votre voiture ou dans le métro, contractez les abdominaux pendant douze secondes, le dos pressé contre votre siège (en plus, cela vous évitera de vous énerver). Travaillez contre le poids de votre corps : voilà des exercices isométriques discrets. Quand vous lisez un magazine, asseyez-vous par terre, les jambes tendues en V, les mains de chaque côté. Vous étirerez ainsi la face interne de vos cuisses. Au bureau, levez-vous de temps à autre pour faire quelques pas – les nouveaux arrivants s'étonnent de me voir faire mes photocopies moi-même, mais cela me permet de me détendre les jambes. Vous voyez comment procéder... Il s'agit d'accroître sa dépense calorique. Ajoutez quelques mouvements divers au fil de la journée. Au lieu d'économiser vos pas, multipliez-les. Les petits changements sont toujours plus faciles que les grands, mais ils s'accumulent. Voyez loin : brûler une cinquantaine de calories supplémentaires équivalant au bout d'un an à plusieurs livres de graisse. Faites simple et vous ne gémirez jamais : « J'abandonne ! »

À bout de souffle

Le succès de tout mouvement dépend pour l'essentiel d'une bonne respiration, l'« exercice » pratiqué le plus dans une journée (vingt-deux mille fois environ). Déplacer les quelque quinze kilos d'air que nous inspirons et expirons en vingt-quatre heures nous permet d'éliminer un certain nombre de calories. Perdre le souffle vous arrêtera dans votre élan et entravera la bonne combustion des nutriments par l'organisme. De plus, une respiration régulière et consciente va de pair avec un rapport équilibré à la nourriture. Sans doute pensez-vous savoir respirer, mais vous pouvez très certainement vous améliorer. C'est ce que j'ai expliqué aux participantes d'un séminaire de travail à San Francisco voici une dizaine d'années, en leur indiquant quelques techniques apprises auprès d'un spécialiste parisien. Peu m'importait qu'elles n'en fassent jamais le moindre usage. Mon idée était que nul ne devrait traverser la vie sans prendre conscience de sa respiration. Et si vous continuez à y penser, vous parviendrez à maîtriser la méthode la plus simple dont nous disposons pour réconcilier notre esprit et notre corps, connexion fréquemment mise en péril par le rythme effréné de nos existences.

La respiration consciente est la forme la plus élémentaire de méditation et la base du yoga ; un bon choix pour les personnes qui sont enclines à suivre des cours. Ce type de respiration permet de briser la corrélation entre stress et envie de manger, l'une des principales causes de prise de poids. Elle accroît en outre notre énergie globale en apportant de l'oxygène à toutes les cellules de l'organisme : la respiration est le moteur du métabolisme.

Je fais des exercices respiratoires dans le métro (pas trop profonds, dans cet environnement, je l'admets), en avion, dans mon lit, assise derrière mon bureau, mais aussi à tout moment de la journée. Cette tactique présente plusieurs avantages, et tout d'abord de profiter au mieux de l'instant. La respiration est l'exercice zen par excellence : pensez à ce que vous faites et vous oublierez le passé comme l'avenir. Vous êtes dans le présent.

Essayez ces exercices de base.

1re étape : Rythme et prise de conscience

Fermez les yeux. Posez une main sur votre abdomen et prenez conscience de votre respiration. Sentez comme votre main se soulève avec chaque inspiration pour redescendre lorsque vous expirez. Concentrez-vous sur ce mouvement de va-et-vient pendant 12 respirations.

2e étape : Comptez jusqu'à... vous endormir

Commencez par la première étape jusqu'à trouver votre rythme respiratoire naturel. Dites en vous-même « douze » en inspirant, puis expirez. Pensez « onze » sur la prochaine respiration, puis « dix » et ainsi de suite jusqu'à zéro. Prenez votre temps : il est bon de respirer lentement. Continuez pendant quelques minutes... ou jusqu'à ce que vous vous assoupissiez.

3e étape : Ralentissez vers le sommeil

À présent, quand vous inspirez, comptez intérieurement jusqu'à six, puis comptez jusqu'à neuf en expirant. Ce faisant, videz votre esprit pour vous concentrer exclusivement sur votre respiration. Il ne faut que quelques respirations profondes pour que vous vous sentiez détendue. Vous ne tarderez plus à vous endormir.

4e étape : Respirez par vagues

La digestion dépend de notre système sympathique, ce qui explique l'influence de nos émotions sur nos fonctions gastriques. Il est donc essentiel de bien respirer pour parvenir à manger plus lentement, afin de donner au cerveau le temps d'enregistrer une sensation de satiété. Cette respiration en vagues se pratique de préférence quand on a – ou qu'on croit avoir – faim et/ou avant les repas.

Assis, debout ou allongé à plat dos, posez une main sur votre abdomen et l'autre sur votre sternum, le poignet sous les seins. Inspirez et gonflez la poitrine en appuyant légèrement sur votre abdomen. Expirez en gonflant l'abdomen et en exerçant une petite pression sur votre thorax. Répétez cet exercice vingt-quatre fois, puis revenez à votre respiration naturelle, puis à vos occupations normales.

5e étape : Respiration alternée par les narines

Cet exercice peut paraître un peu étrange au premier abord, mais il est précieux. Debout ou assis, expirez par les deux narines. Bouchez-vous la narine droite à l'aide du pouce droit ; inspirez par la narine gauche. Fermez celle-ci avec l'index de votre main droite (vos deux narines sont à présent obstruées). Retenez votre respiration. Relâchez votre pouce droit pour expirer par la narine droite ; inspirez de nouveau par la narine droite. Retenez votre respiration et replacez votre pouce. Écartez votre index et expirez par la narine gauche. Vous avez achevé une série de respirations. Faites-en six. Comptez jusqu'à six chaque fois que vous retenez votre souffle, inspirez ou expirez.

6ᵉ étape : Bâillez

J'ai appris cette méthode lors de mon arrivée à New York. Je faisais de la danse moderne sans grand talent ; en revanche, j'étais championne du bâillement (je peux d'ailleurs bâiller sur commande). Avant de suivre ces cours, j'ignorais que le fait de bâiller possédait un effet déstressant, apaisant et même soporifique quand on s'y reprend plusieurs fois, et cela m'arrivait en fin de séance, lorsque nous nous exercions aux bâillements. Bâiller accroît l'afflux d'oxygène dans les poumons, donc dans le flux sanguin. Même le son d'un bon bâillement détend. Pour bâiller, inspirez profondément et ouvrez la bouche aussi largement que vous le pouvez. Après un ou deux essais, vous déclencherez une réaction en chaîne de bâillements.

Dormez-vous ?

Voilà une question qui ne préoccupe plus uniquement Frère Jacques. Le sommeil compte parmi les besoins les plus négligés en ce début de XXIᵉ siècle. Nous pensons pouvoir rogner sur notre temps de sommeil, repousser nos limites toujours plus loin. La notion de bien et de mal s'en mêle, faisant une vertu d'un temps de sommeil réduit. Quelle absurdité ! Rien, hormis l'air et l'eau, n'est aussi indispensable à notre bien-être. On sous-estime en outre le lien de causalité qui unit manque de sommeil et prise de poids.

Le chef-d'œuvre de Proust, *À la recherche du temps perdu*, s'ouvre sur les rituels d'endormissement de l'auteur. Sans aller jusqu'à de tels extrêmes, il est important de bien dormir – c'est même un art. Et comme pour les autres plaisirs – et le sommeil compte parmi les plus vitaux –, le respect des besoins de chacun est crucial : vous ne trouverez pas deux individus dotés des mêmes exigences et des mêmes rythmes.

Lorsque nous calquions notre existence et notre labeur sur le soleil et les saisons, il était plus facile de s'assoupir : notre horloge interne (nos rythmes circadiens) s'adaptait automatiquement à l'allongement ou au raccourcissement des jours. Aujourd'hui, chacun de nous suit sa propre horloge, se contente souvent de nuits un peu courtes... et une épidémie d'insomnie se répand à travers la planète, accompagné d'un essor des moyens thérapeutiques destinés à la combattre. On parle de « dette somnique » : d'après les chercheurs, elle augmente la résistance à l'insuline et déclenche la sécrétion d'hormones de réaction au stress. Il en résulte un cercle vicieux, car ces réactions de l'organisme face au manque de sommeil augmentent encore la difficulté d'endormissement. La fatigue inhérente à un tel processus incite à trop manger dans l'espoir de recouvrer un peu d'énergie (et dans ce cas de figure, nous recourons aux aliments les plus roboratifs).

S'ajoute à cela l'inhibition des mécanismes cérébraux du ressenti du plaisir. Pour profiter au mieux d'une expérience, il faut en effet avoir les sens en alerte.

Il existe des rituels propres à assurer une bonne nuit de sommeil. Pour moi, les tisanes en constituent un élément essentiel, mais l'eau sous toutes ses formes favorise l'endormissement. Quand on est déshydraté, on dort moins bien. Voilà une des raisons pour lesquelles l'alcool au coucher est déconseillé ; en faible quantité, il se révèle en outre légèrement stimulant.

Pour ce qui est du décor de votre chambre à coucher, nul besoin de faire appel à un maître du feng-shui. Préférez un éclairage tamisé. En Provence, le parfum des lavandes en fleur constitue un agent apaisant naturel : leurs senteurs m'évoquent irrésistiblement les champs de lavande de l'abbaye de Sénanque, près de Gordes, dans le Vaucluse ; je les retrouve en faisant chauffer un peu d'huile essentielle de lavande. Louis XIV exigeait que sa cour assiste à son coucher comme à son lever, mais l'absence de public n'empêche pas de créer ses propres rituels, afin de rappeler au corps que l'heure approche de se glisser entre les draps.

Tâchez de vous détendre avant de vous mettre au lit. Mieux vaut avoir au préalable digéré votre dîner. Ce qui conduit à recommander un repas léger, de préférence à base de glucides, accompagné d'un verre de vin (relaxant à faible dose avec un repas). Préférez un yaourt avant de vous coucher, en cas de coup de faim intempestif, à un dîner trop riche et tardif qui vous conduira à vous coucher l'estomac plein. Les exercices respiratoires aident eux aussi à se préparer au sommeil, notamment les bâillements. Surveillez aussi la température de la pièce, qui doit demeurer fraîche, même l'hiver – pas plus de 20 °C – et, sauf ouragan, entrouvrez une fenêtre pour aérer votre chambre.Tout comme les trains, le sommeil n'attend pas les retardataires. Si vous ignorez les signaux indicateurs du passage du marchand de sable, vous risquez de devoir attendre deux heures avant d'avoir de nouveau sommeil. Idéalement, on devrait se coucher et se lever à la même heure tous les jours. La grasse matinée du samedi destinée à « rattraper » son retard de sommeil repose sur une idée fausse. À l'inverse de l'alimentation, le sommeil ne suit pas un calendrier hebdomadaire. Mieux vaut prévoir des siestes de dix à vingt minutes pendant la journée (mais évitez celles qui durent deux heures car elles perturberont votre nuit). Pratiquez une fois encore la modération. Si les besoins varient d'un individu à l'autre, voici la moyenne : en deçà de six heures, c'est trop peu, et au-delà de huit heures, trop. Votre corps dormira moins efficacement si vous passez trop de temps au lit.

Posture

Petit rappel postural : la corpulence, ou plus exactement notre perception de la corpulence, est fonction de notre taille. Voilà pourquoi on apprenait traditionnellement aux jeunes filles à se tenir droites, la tête haute (imaginez qu'un fil partant du sommet de votre crâne relie celui-ci au plafond, vous obligeant à vous redresser). Pour une raison obscure, c'est uniquement aux filles que l'on serine : « Tiens-toi droite. » Je me souviens d'une camarade de lycée qui se tenait si droite que nous lui avions demandé de nous révéler son secret. À la maison, sa mère plaçait une règle dans son dos pour lui inculquer la position adéquate. Nos cours de danse classique nous apprenaient eux aussi à nous tenir correctement. Aucune d'entre nous n'est devenue ballerine, mais notre port de tête y a incontestablement gagné. Quant à notre professeur de gym, elle nous répétait que les Françaises n'étant pas très grandes, nous avions tout avantage à nous tenir bien droites. Aujourd'hui encore, quand je me surprends à m'avachir derrière mon ordinateur ou à marcher voûtée, je repense à cette femme et corrige aussitôt le tir. Et immédiatement je me sens plus grande.

11

ÉTATS DE DÉSIR

L'esprit est le dernier rempart d'une Française contre la prise de poids et ses sens constituent les portes de ses pensées : à travers eux, nous percevons le monde, ses couleurs, ses saveurs, ses textures, ses sons et ses odeurs. Nous faisons tous un peu de « yoga » avec nos sens : nous nous concentrons sur eux comme nous le faisons avec notre respiration. Cela nous permet d'apprécier pleinement notre environnement et nos repas. Il dépend de chacun de se donner la capacité de connaître un tel contentement. C'est l'essence même de l'art de vivre, élément indissociable de notre joie de vivre. Qui maîtrise cette méthode se préoccupe plus de ses prochaines vacances que d'acquérir une nouvelle voiture ; on préfère l'être et le ressenti aux possessions matérielles.

Toute personne dotée des cinq sens propres à l'être humain possède la capacité d'affiner ceux-ci. Marcher sur la plage, caresser un animal, manger une orange, ramasser un morceau de bois et le humer : voilà des expériences sensorielles que nous pouvons, avec un brin de pratique, mieux apprécier. Concentrez-vous sur elles, imaginez que vous les décrivez en termes aussi précis que possible et, bientôt, chacun de vos moments vous paraîtra plus palpitant. N'oubliez pas : en s'accumulant et en s'associant par le biais de nos souvenirs, toutes ces petites expériences nourrissent nos émotions. Elles sont liées à notre existence, à notre culture et à notre environnement. La petite madeleine de Proust peut prendre maintes formes. Plus vous aurez conscience de ces effets, plus vous en tirerez avantage, et mieux vous saurez vous prémunir contre des émotions plus destructrices.

Accordez-vous au quotidien de menus plaisirs, ces petits riens qui rendent la vie plus douce : gâtez-vous, dorlotez-vous, bichonnez-vous et chouchoutez-vous sans remords. Pendant ce temps, vous ne chercherez pas de consolation dans votre assiette, par exemple. Vous priver ne fait aucun bien... sauf si cela vise à vous permettre de savourer plus encore un plaisir tout en maintenant votre équilibre.

Nous autres Françaises qualifions volontiers le petit gâteau grignoté dans l'après-midi de « péché mignon », mais on aurait tort d'en déduire que nous éprouvons de la culpabilité. Les Américaines, très marquées par la dualité entre le bien et le mal, n'envisageraient jamais de qualifier un péché de « mignon ». L'écrivain francophile anglais Peter Mayle, l'auteur d'*Une année en Provence*, explique dans un de ses livres : « Il ne se passe pas une semaine sans que l'on entende évoquer le prix exorbitant que nous devrons acquitter pour nos brefs instants de plaisir. » Le problème ne réside ni dans le beurre ni le vin en soi, mais dans l'abus que l'on en fait. Les problèmes de poids résultent en effet tout autant de notre attitude à l'égard de la nourriture que de ce que nous absorbons. La psychose entourant les mets ajoute encore à un mode de vie déjà stressant. Si nous laissons faire, elle finira par tuer les plaisirs simples... tandis que l'obésité continuera de gagner du terrain.

L'amour de la nourriture

Colette décrivait la table comme un « rendez-vous d'amour et d'amitié ». Tous nos plaisirs ne sont-ils pas en effet interconnectés ? Imaginez la vie aux côtés d'un être qui n'aimerait pas manger ni partager vos repas... Ne tendriez-vous pas à le croire froid dans tous les domaines ? Cela fonctionne dans les deux sens. L'acteur Omar Sharif a captivé une génération entière de femmes dans *Docteur Jivago*, à la fois par son allure ténébreuse et par cette fameuse réplique où il se déclarait incapable de désirer une femme qui n'aimerait pas manger. Et même si nous affirmons adorer les intellectuels, nous ne pourrions pas nous éprendre d'un homme dépourvu de sensualité.

La sensualité est indissociable de notre conception de la séduction, laquelle tient une place importante dans notre personnalité. Inutile d'être une beauté ravageuse pour séduire ; en revanche, la sensualité est indispensable. La plastique la plus parfaite du monde ne retiendra pas longtemps un regard masculin sans ce petit supplément de piquant. Si les Françaises sont tout aussi assaillies que leurs consœurs américaines par les images de féminité improbables véhiculées par les magazines, elles s'efforcent de garder une certaine distance vis-à-vis de ces modèles... Elles savent que la beauté ou l'élégance ne servent à rien si l'on n'est pas bien dans sa peau. Toutes les femmes peuvent atteindre l'état de grâce, qui dépend fort peu du poids et n'a rien à voir avec l'élimination de certains aliments !

Au contraire, un bon repas représente un décor de séduction aujourd'hui, comme autrefois à la cour de Versailles. Une femme séduit par sa façon de commander puis de déguster les mets servis, en grappillant au passage une bouchée dans l'assiette de son compagnon ou en lui offrant un peu de son propre plat. Tout comme un certain formalisme à table favorise l'appréciation du menu servi, l'esthétique de la table, la présentation des assiettes et l'ambiance créée intensifieront le plaisir d'un dîner à deux. Une recette-surprise ou un petit dîner impromptu piquent plus la curiosité que le plus élégant souper routinier. Avec une bouteille de champagne en guise de cerise sur le gâteau, le succès est assuré. Les arts de la table et ceux de la séduction sont indissociables, comme en témoignent les nombreux petits mots tendres liés à la nourriture : mon petit canard, mon chou, ma tourterelle, ma caille...

Une amoureuse rigolote

La sexualité compte parmi les meilleurs anti-âge et elle est dépourvue d'effets secondaires ! Outre ses effets positifs sur le plan cardiovasculaire, elle augmente la sécrétion d'hormones qui apaisent le stress et améliorent l'humeur. Et c'est de bonne humeur que nous sommes à même d'apprécier au mieux tous les plaisirs, à commencer par ceux de la table, en évitant toute tentation d'excès. L'idéal sur ce plan est évidemment d'être amoureuse. À Tahiti, Gauguin a créé un bas-relief sur bois intitulé *Soyez amoureuse pour être heureuse*. Excellente recette, à mon avis.

J'entends déjà l'objection : plus facile à dire qu'à faire (un peu comme « Mangez sainement et faites de l'exercice »). Peut-être, mais cela n'explique pas le grand nombre de jeunes femmes incapables de voir l'amour comme un plaisir. Elles appliquent aux relations amoureuses et au mariage la même détermination sans faille qu'à leur carrière – un ouvrage récent propose même d'appliquer les techniques apprises dans les Business Schools pour trouver un époux... Or l'amour n'est pas une science, mais un art, tout comme de bien manger. De même, il faut dorloter une relation de couple pour la voir s'épanouir pleinement.

En amour, on cherche à mêler constance et versatilité, rigidité et souplesse, l'excitation du glamour et les joies du confort, ces contrastes et ces surprises qui entretiennent notre intérêt pour l'amour comme pour la nourriture. Comme d'habitude, on privilégiera la qualité à la quantité. Le grand amour implique que l'on prenne le temps de vraiment connaître l'autre, ce qui demande longtemps, parfois même toute une vie. Certaines s'y entendent pour garder un certain mystère et une étincelle au bout de dix ou vingt ans de vie commune. Cela exige des efforts, mais ils en valent la peine. Dans mon poème préféré, Louis Aragon écrit : « Il n'y a pas d'amour heureux/ Mais c'est notre amour à tous deux. »

Rien n'entretient la spontanéité de l'amour comme le rire. On dit que les personnes rieuses restent jeunes ; en tout cas, les enfants de quatre ans rient en moyenne cinq cents fois par jour, les adultes guère plus de quinze... Si pour vous, grandir c'est cela, tant pis pour vous ! Sachez-le, on ne rit pas parce que l'on est heureux : on est heureux parce qu'on rit. Ce plaisir à la fois physique et psychique, qui détend, stimule, libère et exalte la sensualité... C'est une réponse agréable à une émotion qui accentue ladite émotion. Physiquement, rire accroît la production d'hormones de bonne humeur ; il s'assimile aussi à une gymnastique interne qui accélère la stimulation sanguine et augmente – un peu – la dépense énergétique. Comme les champignons sauvages, les éclats de rire ne vous viennent pas sur un plateau : cherchez-les soit en vous mettant en quête d'inattendu, soit en vous montrant un peu loufoque. Vivre demeurera ainsi une aventure. En amitié comme en amour, n'attendez pas que l'autre vous distraie. Prenez l'initiative, organisez un rendez-vous avec une personne dont vous appréciez la compagnie. Ne laissez pas vos multiples occupations ni les gadgets de communication électronique vous couper du monde. C'est un talent rare que de savoir se faire rire soi-même.

La mère d'Edward, qui par chance m'apprécie beaucoup, fut extrêmement soulagée lorsqu'il me demanda enfin ma main. Plus tard, elle devait m'avouer s'être dit que notre union durerait toujours car, chaque fois qu'elle lui demandait comment les choses allaient, il répondait : « Elle me fait rire. » En fait, lors des réunions familiales, j'adore amuser toute la tablée. Au fil des ans, nous avons beaucoup ri ensemble et, quand je demande à Edward s'il m'aime toujours, il rétorque : « Tant que tu me feras rire... » Je veille à m'en assurer.

Le Dr Miracle fut le premier à me dire : « Tout est une question d'attitude. » Le grand écrivain Marcel Pagnol pensait que Dieu avait donné le rire aux humains pour les consoler de leur intelligence. Je préfère croire qu'il nous a créés intelligents pour nous permettre d'apprécier une bonne plaisanterie !

12

LES ÉTAPES DE L'EXISTENCE

Atteindre son équilibre et s'y maintenir n'est ni affaire de volonté, ni affaire d'hérédité : c'est un art qu'il nous faut cultiver tout au long de notre existence. Bien entendu, notre patrimoine génétique pourra nous y aider ou nous desservir et la tâche paraît à l'évidence plus facile pour certaines que pour d'autres. Ne vous fiez cependant pas aux apparences : certaines silhouettes sans défaut cachent une hygiène de vie déplorable. Songez par exemple à tous ces top-models qui affirment ne se nourrir que de hamburgers et de pizzas sans jamais prendre un gramme... Peut-être leur métabolisme protège-t-il leur corps des méfaits d'une alimentation désastreuse (sinon de nos regards envieux)... pour l'instant. Mais il arrive aussi que de telles femmes soient en réalité en moins bonne santé que leurs consœurs moins favorisées par la nature, donc obligées de surveiller leur ligne, leur activité physique, et ainsi de suite. En tout état de cause, la plupart des femmes minces ne le sont pas par suite d'une prédisposition génétique, mais parce qu'elles veillent au grain. Ce travail se révèle toutefois beaucoup plus aisé pour celles qui ont su conserver nos traditions nutritionnelles ancestrales sans se laisser pervertir par les modes récentes... souvent venues d'outre-Atlantique.

Malheureusement pour nous toutes, l'équilibre que nous recherchons évolue au fil des ans ; donc, si nous ne restons pas à l'écoute de notre corps, nous glisserons à notre insu hors de cet état de grâce. Ne désespérez pas pour autant : faire un peu attention à soi et ajuster petit à petit son mode de vie est beaucoup moins difficile que de retrouver la ligne après une longue période de déséquilibre. Il suffit d'un brin de vigilance et de réactions rapides pour vivre en forme, sans se priver ni grossir.

Pourtant, les kilos affluent quelquefois sans crier gare. Depuis des années, vous menez une vie saine et active, et votre silhouette est votre amie quand, soudain, patatras ! Tous les êtres humains sont sujets à ce type d'accident, et les femmes tout particulièrement, notamment à l'occasion des trois grands bouleversements hormonaux et psychologiques de leur existence : la puberté, la grossesse et la ménopause. Durant ces trois périodes, il existe un risque de prise de poids bien réel. Mieux vaut donc s'y préparer que de laisser s'accumuler les rondeurs superflues avant de réagir.

Commençons par le commencement.

De la naissance à l'âge de sept ans

Même si ce livre n'a à l'évidence rien d'un manuel de puériculture, le bon sens nous l'enseigne : plus une habitude est inculquée jeune, mieux elle s'ancre dans notre mode de vie. Profitez donc de la courte période durant laquelle vous contrôlez entièrement l'alimentation de votre enfant pour lui donner de bonnes bases. Pendant les premières années de la vie s'élabore notre sens des habitudes nutritionnelles et des saveurs réconfortantes. Devenus adultes, nous continuerons à nous tourner vers ces mets, quels qu'ils soient, surtout en cas de coup dur. Inutile d'avoir lu l'œuvre de Proust dans son ensemble pour comprendre cette réalité. Le plus beau cadeau à faire à vos enfants consiste donc à leur insuffler une attirance-réflexe pour des denrées bonnes pour leur santé, en tout premier lieu l'eau.

La déshydratation représente un danger bien réel pour les tout-petits jusqu'à deux ans, en particulier dans les six premiers mois de la vie. Le corps d'un bébé se compose de 65 à 80 % d'eau (contre 60 % chez l'adulte). S'il ne boit pas assez, un bébé peut se déshydrater en trois heures seulement, surtout par temps chaud. Ce problème est encore accentué par les vomissements et les diarrhées, banales à cet âge. Face à un nourrisson qui refuse de boire, dort trop, se montre amorphe, affiche un teint gris ou respire trop rapidement, courez à la pharmacie vous procurer des sels réhydratants. Mieux vaut cependant éviter de laisser les choses en arriver là. Les aliments pour nourrissons sont habituellement riches en eau, mais le goût de l'eau seule ne lui viendra pas si vous l'abreuvez exclusivement de lait et de jus de fruits (et c'est peut-être à ce stade précoce que la préférence si contestable affichée par tant de nos contemporains pour les breuvages sucrés se cristallise).

De même, bien manger s'apprend dès la petite enfance. Cependant, le palais d'un bébé étant tout aussi immature que sa denture, il est absurde d'essayer de l'initier trop tôt à des saveurs trop variées. Néanmoins vers son troisième anniversaire, les papilles d'un enfant sont prêtes à être éduquées.

Les petits Occidentaux sont soumis à quantité de tentations avec des produits fallacieusement présentés comme « bons pour la santé. » Il vous faudra peut-être ruser, comme l'a fait ma mère avec moi, pour leur donner à leur insu des aliments sains, jusqu'à ce qu'ils soient en âge de les apprécier tels quels. Mes amies américaines se montrent très choquées quand je leur expose cette théorie, persuadées que tromper un enfant risque de le traumatiser à vie... En réalité, il s'agit de subterfuges innocents destinés à enseigner aux enfants les aliments à privilégier ou à consommer avec modération. Prenez le temps d'inventer des jeux pour faciliter cette approche. Quand j'étais petite, mon père rentrait déjeuner à la maison, comme le voulait l'usage à l'époque. Nous jouions à « pèle-la-pomme ». Ma mère n'appréciant pas la peau de ces fruits, mon père se chargeait de les éplucher sous notre regard fasciné.

On devrait enseigner les préceptes nutritionnels de base à l'école, mais c'est très rarement le cas. Il est en outre souvent déjà trop tard pour contrecarrer les mauvais penchants encouragés par la publicité... La plupart des aliments présentés dans les spots télévisés ne sont pas sains, tout au plus comestibles – j'emploie ce terme à dessein. Lors de mon arrivée à Weston, Massachusetts, j'ai découvert avec stupéfaction les plats cuisinés surgelés ; je n'en avais jamais vu auparavant. À présent, bon nombre d'entre eux se présentent même comme des mets sains. Rendez service à vos enfants : ne les habituez pas à considérer ces ersatz comme des festins désirables.

La progression de l'obésité parmi les enfants d'âge scolaire a conduit le gouvernement français à lancer un programme national d'éducation nutritionnelle. On sait aussi que les enfants qui passent moins de temps devant le petit écran affichent moins de problèmes pondéraux, ne serait-ce que parce qu'ils visionnent moins de messages publicitaires (on estime qu'un petit Américain en subit environ dix mille par an...). Or voir de la nourriture à la télévision déclenche l'idée de manger, la sécrétion de sucs gastriques et la libération d'insuline, laquelle fait chuter le taux de sucre sanguin, ce qui suscite des fringales. C'est de la véritable pornographie gastronomique !

Voici quelques règles élémentaires que vos enfants, devenus des adultes minces, vous remercieront de leur avoir inculquées :

- Accoutumez-les à boire de l'eau nature et non des jus de fruits, des breuvages « fruités » ou des sodas pour se désaltérer. Chez l'enfant comme chez l'adulte, la soif est un mauvais indicateur : elle n'apparaît que lorsqu'on est déjà en déficit hydrique. Les enfants doivent apprendre à surveiller leur urine : si elle n'est pas claire et jaune pâle, elle indique qu'ils ne se désaltèrent pas assez.

- C'est le moment d'assimiler la règle des trois repas quotidiens, ainsi que la notion de portion (un enfant affamé a souvent les yeux plus gros que le ventre). Certains ne peuvent rien avaler le matin ; toutefois, tous les spécialistes s'accordent à reconnaître qu'un vrai petit déjeuner améliore la concentration et l'apprentissage dans la matinée. Des enfants qui mangent à heures fixes sont moins enclins à grignoter (en général des choses moyennement saines).
- Apprenez-leur par l'exemple les rites de la table dans le monde civilisé. Ne prenez pas vos repas devant la télévision si vous ne voulez pas les voir vous imiter. Le dîner doit être un rituel familial émaillé de conversations (un autre art), même si celles-ci se résument à des récits émaillés de « Mange ta soupe », comme avec notre nounou Yvette.
- Exposez-les à un large choix de légumes et de fruits, et montrez-leur combien les produits de saison sont succulents. Vous ne les séduirez pas avec des denrées insipides.
- Apprenez à manier la carotte... Il n'y a rien de mal à saluer un repas sain d'une récompense, chez les enfants comme chez les adultes. En revanche, n'utilisez jamais de mets malsains à cet effet. Inculquez-leur également une faible tolérance au sucre : un dessert n'a pas besoin

d'être ultrasucré pour instiller un sentiment de fête. Essayez par exemple une tarte aux fruits.

- Ne stockez pas de produits malsains pour vous simplifier la vie. En revanche, ayez toujours des en-cas à portée de main. Les enfants adorent les clémentines et les raisins. Je vous recommande aussi le fenouil cru à croquer.
- Faites-les participer à la préparation des repas. Qu'ils vous regardent cuisiner, humer les arômes et goûter les ingrédients. Vos activités ne doivent pas être un mystère pour eux. Emmenez-les au marché et faites-leur visiter des potagers ou des fermes dans lesquels ils pourront cueillir eux-mêmes leurs fruits, afin qu'ils connaissent la provenance de ce qu'ils consomment.
- Ne soyez pas permissive. La peur de ne pas être aimés de leurs enfants terrorise trop de parents. En réalité, les petits ont besoin de règles et de normes.
- Incitez-les à se remuer en dehors de leurs cours de gym. Rappelez-leur que jouer à la Playstation n'est pas un sport. Étant dotés de plus d'énergie que les adultes, en l'absence d'exutoires appropriés, les enfants s'exposent à des problèmes émotionnels, donc à une compensation par la nourriture.
- Les parents sont une source d'émulation pour leurs enfants ; surveillez donc vos manières et respectez un mode de vie sain. Et sachez bien que la prévention commence dès l'enfance.

De sept à dix-sept ans

Un bon apport en calcium est crucial pendant cette période, durant laquelle 40 à 50 % de notre capital osseux se constitue. Soyez vigilante car de nombreuses jeunes filles fuient les laitages, croyant qu'ils font grossir. Grossière erreur. Veillez à ce qu'elles mangent régulièrement du yaourt et du fromage. Comme c'est aussi à ce stade de leur existence que les adolescentes acquièrent le goût du café et des sodas, encouragez-les à faire preuve de modération dans ces domaines.

Voici quelques « règles » et suggestions pour ces années d'adolescence, où les troubles liés à l'alimentation surviennent.

- Certaines adolescentes sont tentées par le végétarisme. Cette option, présentant des avantages et des inconvénients, ne doit pas être écartée, pourvu qu'un bon apport en protéines, en particulier en laitages, soit assuré. Mais si vos enfants sont plutôt carnivores, cas le plus courant, c'est la bonne période pour leur apprendre à ne pas manger de viande plus de deux ou trois fois par semaine et à la remplacer par des produits de la mer. Certains adorent les sushis, aliment inconnu dans ma jeunesse.
- Commencez le plus tôt possible à leur enseigner quelques recettes simples. Préparer ses propres repas constitue un élément essentiel d'une vie saine (tout comme nettoyer ses ustensiles après usage !).
- Au chapitre mouvement, ne vous en remettez pas aux programmes scolaires. Le temps pour

les enfants d'enfiler leur tenue et de se mettre en place, l'heure de cours est souvent déjà à demi écoulée. Si votre enfant pratique un sport, tant mieux ; sinon, faites-lui comprendre que rester vautré sur le canapé jusqu'à l'heure du dîner n'est pas une solution acceptable. Aider à la maison, faire du bénévolat : les activités ne manquent pas pour brûler des calories et forger son caractère. Ne laissez pas vos enfants traiter le logis familial comme un hôtel : à eux de ranger leurs affaires.

- Encouragez-les à conserver leurs bonnes habitudes en termes de boisson. Il s'avère souvent plus facile de faire admettre la nécessité de boire huit à dix verres d'eau par jour si l'on souligne les bienfaits d'une telle hygiène de vie sur la silhouette et le teint. Rappelez-leur d'en boire plus lorsqu'ils consomment – exceptionnellement, vous l'espérez – des chips et autres en-cas salés. Je recommande aussi aux parents de se charger eux-mêmes de l'initiation de leurs rejetons à l'alcool (de préférence sous forme de vin coupé d'eau), afin de leur en inculquer un usage raisonnable. Arrangez-vous pour qu'ils ne soient pas tentés de s'en procurer derrière votre dos.

En général, le corps en pleine croissance des enfants et des adolescents nécessite une alimentation aussi variée que possible. Dans l'idéal, ils devraient goûter chaque jour à une vingtaine de denrées différentes. Dans la réalité, faites au mieux. S'ils renâclent devant la viande ou le poisson, il existe mille manières de « leurrer » les appétits délicats : confectionner des « paupiettes » de veau ou de dinde enroulées autour de pruneaux, légumes dissimulés au cœur d'une omelette, poisson trempé dans de l'œuf battu puis cuit dans une poêle anti-adhésive... N'hésitez pas, de temps à autre, à négocier. Le mercredi, ma mère préparait fréquemment du bifteck de cheval : je détestais cela pour des motifs sentimentaux même si, objectivement, cette viande n'est pas mauvaise. Je l'avalais sans discuter, comme une bonne petite fille, mais en contrepartie, je voyais toujours apparaître un dessert-surprise.

L'augmentation de la masse grasse accompagnant l'adolescence se produit en général chez les jeunes filles à mi-chemin entre l'âge de sept ans et l'âge de dix-sept ans. C'est le moment pour elles de consulter leur médecin de famille, voire un gynécologue. Ces professionnels seront à même de confirmer de façon crédible qu'il est normal et sain de prendre un peu de poids à ce moment de son existence. Un bon fonctionnement menstruel repose sur des réserves adipeuses adéquates. Chez les jeunes filles très minces, le début des menstruations est souvent retardé, tandis qu'il se produit plus tôt chez leurs camarades plus rondes. Si des problèmes pondéraux surgissent néanmoins, la meilleure contre-mesure consiste à préserver la règle des trois repas quotidiens. À cet âge, rien n'est plus équilibrant sur le plan physique comme sur le plan psychologique. Et les jeunes femmes ayant reçu les bases d'une nutrition saine se révèlent mieux armées pour combattre les tentations après avoir quitté le nid.

De dix-sept à trente-cinq ans

Pour nombre d'entre nous, les années comprises entre vingt et trente ans forment une période où tout paraît possible, même si, rétrospectivement, les femmes idéalisent plus volontiers leur troisième décennie. La fin de l'adolescence et les quelques années suivantes représentent une phase de bouleversements : études supérieures loin du cadre familier, premiers pas dans la vie professionnelle et, pour certaines, premier bébé. Et tous ces stress surviennent alors qu'on est à peine remise des angoisses de la puberté.

J'ai rencontré tellement de jeunes femmes ayant pris du poids entre vingt et trente ans parce qu'elles n'avaient pas encore réussi à adopter des habitudes alimentaires et une hygiène de vie d'adultes ! Elles composent, hélas, le vivier privilégié dans lequel les vendeurs de régimes farfelus puisent leurs victimes. La foi en la technologie caractéristique de la jeunesse d'aujourd'hui les rend particulièrement vulnérables à ces méthodes pseudo-scientifiques. « Science sans conscience n'est que ruine de l'âme... » Ajoutons que ces femmes cherchent à obtenir des résultats précis – tels que rentrer dans telle robe pour telle fête – ou en vue de vacances au soleil. Alors, évidemment, si on leur fait miroiter la perspective de voir cinq kilos s'envoler en quinze jours... elles « achètent » aussitôt. Pour ne rien arranger, la plupart d'entre elles savent à peine faire cuire un œuf. Si vous vous reconnaissez dans ce portrait, je vous recommande la tactique préconisée par le Dr Miracle : un mois de journal nutritionnel, potage « magique » aux poireaux, et rééducation à court et à long terme. Le moment est venu de cesser les enfantillages.

La liberté dont la plupart des femmes jouissent entre dix-sept et trente-cinq ans invite à des excès de « grandes personnes » : repas copieux au restaurant (dans le cadre du travail et des rapports de séduction) ou abus d'alcool (enfin autorisé...). Ces agapes s'accomplissent pour l'essentiel après 20 heures, autrement dit au moment où il faudrait se montrer le plus prudent. Une seule solution : trouver des méthodes pour apaiser votre faim avant le déjeuner et le dîner, et pendant la phase « dangereuse », juste avant le coucher.

Votre masse musculaire et votre densité osseuse sont en principe à leur zénith. Paradoxalement, c'est aussi à ce moment que la plupart d'entre nous sombrent dans un mode de vie sédentaire néfaste, les emplois modernes exigeant de passer l'essentiel de son existence assis derrière un bureau. L'habitude de ne jamais économiser ses pas pourra vous venir en aide. Bien sûr, la fillette en vous préférera éliminer ses excès sur les marches d'un StairMaster... mais elle finira par se lasser de ces marathons stériles. Ce jour-là, le fragile équilibre de votre existence s'écroulera. La méthode que je préconise est plus traditionnelle, plus facile et plus agréable. Il s'agit de transformer vos phases d'activité physique en périodes de jeu, de rechercher des activités amusantes et auxquelles vous pouvez de préférence vous adonner avec des amis. Il existe mille solutions intermédiaires entre « ne rien faire » et participer à un triathlon. Il est cependant indispensable de prendre l'habitude de marcher au moins trente minutes par jour. La natation et le yoga sont excellents aussi, si ces activités vous tentent. Pensez à préserver votre tonus et votre flexibilité musculaires, qui seront plus difficiles à recouvrer à un âge plus avancé. Songez aussi que le métabolisme commence à ralentir dès l'âge de vingt-cinq ans...

Chez la femme enceinte, l'accumulation de graisse est un phénomène naturel, tendant à se produire principalement pendant les premiers mois de grossesse, afin de créer des réserves énergétiques en vue de l'allaitement. Le risque de conserver un excédent pondéral après la naissance du bébé s'accroît grandement chez les femmes ayant déjà des kilos superflus avant la grossesse. Alors, au lieu d'envisager de trouver un équilibre en duo pour neuf mois, cherchez à trouver le vôtre en solo. Ne cédez pas aux arguments défaitistes du genre : « À quoi bon ? Dans trois mois, je me transformerai de toute façon en baleine. »

L'allaitement est bénéfique pour le bébé et aussi pour la jeune maman, car il lui permet de brûler ses réserves adipeuses. Un mois d'allaitement fait des merveilles pour la silhouette, en particulier au-dessous de la taille, au niveau de la culotte de cheval. Les efforts liés aux soins maternels feront le reste, pourvu que vous parveniez à maîtriser l'inévitable stress.

Quelques règles à mettre en œuvre dès que vous êtes responsable de votre propre existence, que vous viviez seule ou non :

- Ne vous regardez pas vous transformer en sculpture de Botero : réagissez ! Un peu d'initiative et de discipline vous mèneront loin. À présent que vous prenez des décisions en toute autonomie pour la première fois de votre vie, veillez à faire des choix d'adulte. Les règles que vous violez ne sont plus celles de votre mère ; il ne s'agit plus seulement de ne pas vous faire prendre...

- Votre carrière, le mariage et la maternité peuvent constituer des facteurs de stress supplémentaires pendant cette période de votre vie. Vous commettrez probablement des erreurs, connaîtrez des doutes et essuierez des échecs. La meilleure parade consiste à apprendre à apprécier les petits bonheurs du quotidien, tous ces « riens » qui font de chaque jour un miracle, un lever de soleil sur le chemin du bureau, un rosier en fleur ou le sourire d'un d'inconnu... Si vous vous trouvez confrontée à un défi, tâchez de vous comporter en maîtresse plutôt qu'en sujet de votre existence. Les choix et les risques sont indissociables ; tous les chemins menant à la réussite passent par cette prise de conscience. Continuez à rêver – trop de gens cessent de le faire à ce stade de leur existence –, mais sachez aussi profiter de l'instant présent. Le mode de vie que vous adoptez à présent pose les bases du reste de vos jours.
- Les sources de fatigue et de tension vont se multiplier ; préférez l'activité physique aux cocktails pour les combattre. Découvrez de nouvelles sortes de mouvement – yoga, danse, golf, tennis ou tout autre sport de votre choix –, sans oublier pour autant de marcher et de prendre les escaliers.

- Cabines d'UV : NON ! Lunettes noires et écran solaire : OUI ! Pensez à l'avenir : mieux vaut un teint pâle aujourd'hui que du Botox dans quelques années.
- Votre métabolisme est plus dynamique qu'il ne le sera jamais. Profitez-en pour goûter à de nouveaux mets, sans négliger toutefois les légumes et les fruits de saison.
- Commencez à vous préoccuper des produits que vous utilisez et que vous absorbez. Même pour celles qui n'envisagent pas d'en faire leur métier, les cours de cuisine peuvent se révéler divertissants et améliorer le rapport à la nourriture.

De trente-cinq à cinquante-cinq ans

Les plus belles années de la vie d'une femme, à mon sens. Il ne tient qu'à vous de les apprécier à leur juste valeur et d'en profiter pleinement, si vous avez entretenu votre bien-être jusqu'à présent, vous êtes fin prête pour recueillir les bienfaits de votre connaissance optimale des plaisirs des sens, depuis la nourriture jusqu'au sexe. Sachez toutefois que des agents perturbateurs, comme l'accroissement de vos responsabilités professionnelles et familiales, conspirent contre votre équilibre. Peut-être devez-vous à la fois vous occuper de vos enfants et de vos parents vieillissants. Autant dire que votre temps libre se réduit à sa plus simple expression. Pour ne rien arranger, notre rythme métabolique décline rapidement. Fort heureusement, rien ne nous oblige à déposer les armes.

À présent que nous ne bénéficions plus de l'indulgence sans borne de la jeunesse, le moment vient où la réalité de notre souci de vivre et de nous nourrir sainement deviendra visible. L'heure n'est plus aux programmes amincissants de masse. Même s'ils vous font perdre du poids, vous y gagnerez des rides et un visage hagard lié à la déshydratation ainsi induite. En plus, vous avez besoin de plus de sommeil. Vous rappelez-vous l'époque où vous pouviez sortir toute la nuit puis aller travailler avec une tête présentable ? C'est fini. Les nuits trop courtes se voient désormais et contribuent à la prise de poids. Acceptez le fait de ne plus pouvoir brûler la chandelle par les deux bouts.À partir de trente-cinq ans, adoptez la « règle des sept ». Chaque fois que vous afficherez sept ans de plus, considérez que votre corps a suffisamment changé pour que cela nécessite que vous vous penchiez sur vos habitudes et que vous envisagiez de les repenser. Ne réservez pas ces remises en question aux anniversaires charnières qui vous font passer d'une décennie à l'autre : le choc psychologique et le regard des autres vous paralyseront. Après notre trente-cinquième anniversaire, notre métabolisme commence à ralentir, ce qui signifie que vous ne pouvez plus manger autant qu'à vingt-deux ans. Une femme troque en moyenne chaque année cinq cents grammes de muscle contre l'équivalent en graisse. Vers quarante-deux ans, les taux hormonaux s'amenuisent jusqu'à la ménopause, laquelle intervient aux alentours de la cinquantaine. On se met alors aussi à perdre en densité osseuse. Voilà pourquoi il est temps d'ajouter à la marche à pied quelques exercices avec des haltères. La musculation constitue en effet la meilleure parade contre la perte musculaire qui distingue les plus de trente-cinq ans de leurs consœurs plus juvéniles. Elle retarde également la perte de densité osseuse et le ralentissement du métabolisme (n'oubliez pas que, même au repos, les tissus musculaires consomment plus d'énergie que les autres types de tissus). N'imitez pas Colette et n'en faites pas trop. Commencez par utiliser des poids de 1,5 à 2,5 kilos et privilégiez des mouvements lents faisant travailler le muscle dans son intégralité. À l'inverse des exercices lents et contrôlés, les grands gestes ne tonifient pas. Ne redoutez pas de prendre des allures de culturiste : il faut pour cela des poids beaucoup plus lourds. Si vous appréciez désormais les salles de gym, offrez-vous les services d'un entraîneur pendant vos deux premières séances, afin d'apprendre à bien utiliser les appareils – ne comptez pas sur moi pour vous donner des conseils sur le fonctionnement de ces machines infernales, je les déteste toujours autant ! Permettez-moi cependant de rappeler que la pratique de la marche et de petits haltères rendent tout à fait facultatif le passage par la case « salle de sport ». Voilà pour le haut du corps. Pour le ventre, prévoyez des séances d'abdominaux, le matin ; s'agissant des jambes, je n'aurai qu'un mot : escalier.

On aurait tort de sous-estimer l'impact psychologique et émotionnel de cette période, surtout si elle comporte des traumatismes aussi courants, hélas, qu'un divorce ou la perte d'un parent. Vous commencerez aussi, inévitablement, à songer à votre propre mortalité. Deux solutions s'offrent alors à vous : sombrer dans la morosité ou appliquer votre meilleure connaissance de vous-même pour jouir plus pleinement de l'existence. Ai-je besoin de vous préciser l'option que j'ai choisie ? Moins impatiente que dans votre prime jeunesse, vous vous pliez plus facilement à la discipline nutritionnelle exposée dans ce livre et, comme vous vous connaissez mieux, vous savez ce qui vous ravit vraiment... Quand on a un peu vécu, on apprécie mieux les menus plaisirs de l'existence. La colonne « débit », exigences et coups du sort, peut cependant réduire votre capacité à les apprécier. Ne vous laissez pas entraîner sur cette pente fatale. Vous ne parvenez pas à énumérer vos petits plaisirs ? Cela signifie que vous avez renoncé à trop d'entre eux. Cultivez votre joie de vivre.

Dans mon cas, ces années ont vu l'introduction dans mes menus de nouveaux types d'aliments. J'adore à présent le soja en graines rôties entières. J'ai aussi dû diminuer mes portions de certains aliments potentiellement « fauteurs de troubles » et la fréquence de leur apparition dans mes menus. Au lieu de manger du chocolat tous les jours, je n'en prends plus que trois fois par semaine et je commande moins souvent des viandes rouges. Mais si l'on applique ces ajustements de façon progressive, on ne s'en rend même pas compte. C'est aussi dans cette tranche d'âge que j'ai pris l'habitude de monter quelque fois chaque semaine les quinze étages de notre immeuble en plus de mes promenades quotidiennes. Ces vingt minutes d'exercice ont certainement constitué l'élément clé de mon succès.

D'après le Dr Miracle, notre poids de vingt ans (si vous étiez mince et en forme à ce moment, cela va de soi) est celui que nous devons peu ou prou conserver tout au long de notre vie. Rappelons quelques préceptes de base pour atteindre ce but, somme toute très raisonnable :

- Augmentez la part des fruits et des légumes dans votre alimentation, au détriment notamment des mets gras et sucrés, à limiter de toute façon, surtout si vous en mangez beaucoup. Même le goût du sucre peut se maîtriser, à condition de l'aborder avec circonspection. Plus que jamais, privilégiez la qualité par rapport à la quantité, fuyez les calories inutiles et préservez votre « capital » pour vous faire réellement plaisir. Et profitez pleinement de ces instants de bonheur.
- Efforcez-vous de faire plus attention au rythme quotidien, hebdomadaire et mensuel de votre existence. Apportez une dimension mentale à chacun de vos mouvements. Cette prise de conscience apaise le stress et induit une sensation de bien-être. Multipliez les séances de respiration contrôlée.
- Emportez toujours de l'eau avec vous et tâchez d'en boire au moins deux litres par jour.
- Prenez un complément multivitaminé pendant l'un des repas.

- Apprenez à dire non, pour pouvoir dire oui à autre chose.
- Prévoyez de courtes pauses de repos au cours de vos journées. Autrefois, quand je devais sortir le soir, je me rendais directement de mon bureau à la réception ou au dîner ; aujourd'hui, je repasse chez moi pour prendre une douche et m'accorder quelques minutes de méditation : moyennant quoi j'aborde la soirée avec une énergie renouvelée. Au bureau, fermez les yeux, le temps de faire quelques exercices respiratoires.
- Trouvez-vous de nouveaux centres d'intérêt. La vie semble mieux remplie quand elle comprend des nouveautés. Trop de femmes comptent sur les hobbies de leur jeunesse pour les distraire durant toute leur existence, sans songer qu'on peut se lasser des meilleures choses. Choisissez les vôtres en vous fiant à votre curiosité et à votre ouverture d'esprit, que l'on peut posséder à tout âge.
- Votre peau va s'assécher et perdre de son élasticité ; inutile pour autant de recourir à la chirurgie esthétique ou à des traitements à base de cellules-souche. Usez et abusez en revanche des crèmes hydratantes et des écrans solaires, même par temps gris. Pour ma part, je porte toujours des lunettes teintées à l'extérieur : cela prévient les rides tout en conférant une délicieuse aura de mystère...

De cinquante-cinq à soixante-dix-sept ans... et plus

Avec l'allongement de l'espérance de vie, cette période de la vie naguère appelée vieillesse est pour nombre d'entre nous l'une des phases les plus actives de la vie (mieux vaut tard que jamais). La santé demeure cependant moins solide à ces âges et certains troubles de santé dont on sourit plus jeune ont un impact accru. Voilà pourquoi il est impératif de se chouchouter, d'apprendre à pratiquer un « égoïsme positif ». Il ne s'agit pas de se regarder le nombril mais de prêter une attention plus soutenue à ses besoins, à son confort et à ses limites. La plupart des quinquagénaires savent ce qui leur plaît vraiment. Le moment est venu de vous concentrer sur ces choses, d'améliorer votre quotidien en le simplifiant et d'admettre la nécessité d'abandonner certaines activités. Nous apprenons à dire non, non plus pour nous priver, mais par une connaissance accrue de ce qui nous convient le mieux. Votre cerveau devient plus que jamais le meilleur allié de votre bien-être.

Montrez-vous plus indulgente envers vous-même, mais évitez de traîner en tenue de jogging... Il ne s'agit pas d'être négligée ; restez au contraire soignée. Si cet âge recèle mille joies, vieillir avec grâce implique quelques renoncements. Dans une société obsédée par la jeunesse – en plus, le modèle présenté aux femmes n'est pas une « jeunesse » de vingt ans, mais carrément des adolescentes –, ce n'est pas toujours facile, tant s'en faut. En fait, vous devrez faire appel à tous les trésors de connaissance de vous-même accumulés au fil des ans. Avancer en âge est pénible pour toutes les femmes, mais pour franchir ce cap sans dommage, il faut accepter ce processus naturel. Il est normal de regretter sa jeunesse enfuie, mais il ne faut pas que cela vous obnubile. Admettre le vieillissement aide à prendre conscience des mille joies que l'avenir peut encore réserver.

Un esprit équilibré ne s'appesantit pas outre mesure sur le passé (ce qui conduit à se perdre en regrets), ni sur un avenir qui ne paraît plus illimité. Les exercices de respiration et de méditation déjà appris vous aideront à vous concentrer sur l'instant présent et sur une meilleure hygiène de vie. Apprenez à vivre au jour le jour en considérant chaque nouvelle journée comme un don du ciel. Cette nouvelle philosophie apporte d'autres cadeaux : une réticence à gâcher les instants de bonheur (les jeunes n'en perçoivent pas toujours le caractère précieux), une paix de l'esprit qui accompagne une tolérance accrue, une plus grande patience et une meilleure acceptation du monde qui nous entoure. Si vous procédez correctement, le temps – que vous voyiez peut-être comme un ennemi – ressemblera plus à une illusion.

Physiquement, la pire chose qui puisse vous arriver est de devenir une « vieille qui veut faire jeune. » Oubliez donc minijupes, bikinis et excès de maquillage... Même si vous êtes « très bien conservée », résistez à l'envie de souligner trop ouvertement vos attraits. Une sexagénaire qui fait son marché en short n'est pas adorable mais pathétique, même si elle a conservé des jambes superbes. La pudeur et le naturel masquent bien plus élégamment les ravages des ans. Une femme qui recourt à la chirurgie esthétique ou se maquille à l'excès ne donne guère l'impression d'être bien dans sa peau, comme nous devons chercher à l'être à tout âge.

Une femme d'un « certain âge » exhale un parfum de complexité et de connaissance de la vie qui n'est pas exempt de sensualité. Qui osera dire que Catherine Deneuve ou Charlotte Rampling ne sont pas sexy ? Quel homme ne se retournerait pas sur leur passage ? Les médias américains se montrent beaucoup plus intolérants envers les femmes moins jeunes...

Le mode de vie s'adapte naturellement à l'âge... mais voici quelques ajustements à envisager.

- Si vous avez pratiqué une certaine activité physique tout au long de votre vie, il vous sera facile de continuer. Mais même si vous avez mené une existence sédentaire, il n'est jamais trop tard pour adopter un rythme plus sain. Et la petite balade qui peut paraître trop facile pour être honnête aux yeux de femmes plus jeunes devient pour vous un hymne à la vie et une mini-victoire quotidienne.
- Repensez vos menus en accroissant encore la part des fruits et des légumes. Mangez des fruits, en particulier des fruits rouges, au moins deux fois par jour en saison. Tâchez de ne pas dépasser une portion hebdomadaire de viande, deux de poisson, et un œuf par jour. Mangez des lentilles, des légumes verts et des salades, des pommes de terre (mais ni frites, ni purée),

du riz complet et, bien sûr, un ou deux verres quotidiens de vin. Continuez aussi à absorber vos doses de yaourt.

- Vos portions et vos repas tendront à se faire moins importants à mesure que votre corps mûrissant se rassasie plus rapidement. À présent, le problème n'est plus tellement de trop manger, mais parfois de manger trop peu, ce qui provoque des carences. Quand vous mangez de la viande ou du poisson, contentez-vous de parts de 120 à 150 grammes (voire de 100 grammes si cela vous suffit). Utilisez votre balance de cuisine pour évaluer le volume de ces nouvelles portions. Rajouter un goûter dans l'après-midi est une excellente idée. Vous pouvez par exemple déguster un flan, excellente source de protéines et de calcium. Si vous le souhaitez, remplacez vos trois repas quotidiens par cinq repas plus légers. La sensibilité des papilles s'émoussant avec l'âge, les seniors se lassent d'un mets plus rapidement. Il paraît donc plus logique de prévoir des portions plus réduites, plutôt que de se forcer à absorber des menus conçus pour une femme plus jeune.
- Surveillez votre digestion. En effet, peut-être les desserts trop riches ne vous apprécient-ils plus autant que vous les aimez... Réservez-les aux grandes occasions et prenez-en une part plus modeste.
- Hydratez votre peau matin et soir. N'oubliez pas vos mains : pensez à les enduire de crème chaque fois que vous les lavez (inutile d'acheter des lotions aux ingrédients futuristes ; n'im-

porte quelle bonne crème hydratante convient). Très important aussi : absorbez chaque jour une cuillerée à soupe d'huile de noix. Certaines études lui attribuent une action bénéfique sur l'humeur, le flux sanguin et le rythme cardiaque ; elle serait aussi anti-inflammatoire. Voilà qui aurait intéressé mes cousins provençaux, qui considéraient ce produit comme une véritable potion magique. Ils utilisaient couramment de l'huile de noix et de l'huile de noisette pour assaisonner leurs salades, mais ils gardaient la main légère car il s'agit d'ingrédients fort onéreux. Ces huiles ont en outre de merveilleuses saveurs.

- De l'eau, de l'eau, encore de l'eau ! Je sais, je me répète, mais à quatre-vingts ans une bonne hydratation est une question de vie ou de mort. Quand ma mère a fêté son quatre-vingt-dixième anniversaire, son médecin – ce n'était, hélas, plus le Dr Miracle – me rappela qu'à son âge les deux grands risques étaient la déshydratation et une perte de poids brutale. Comme nombre de personnes âgées, elle se plaignait de ne pas avoir soif mais, obéissant aux conseils de la Faculté, elle buvait un verre d'eau toutes les trois heures.

UN PLAN POUR LA VIE

J'ai récemment dîné avec Leslie, une amie new-yorkaise qui adore Paris, dans un fabuleux restaurant de la rue des Grands-Augustins, tout près de la Seine. Tout en chipotant dans son assiette tandis que je dévorais le contenu de la mienne, elle me raconta son déjeuner. Après avoir fait les boutiques de la rue Saint-Honoré jusqu'à l'épuisement avec une amie, elles s'étaient effondrées dans un petit bistrot chic de l'avenue Matignon. Deux Parisiennes typiques et fort élégantes occupaient la table voisine. L'amie de Leslie avait parié qu'elles commanderaient du mesclun arrosé d'eau d'Evian et de Gauloises. Erreur : apparemment, ces dames ne fumaient pas, et elles avaient dégusté une entrée et un plat avec du vin. Pire, elles se partageaient une portion de profiteroles alors que Leslie et son amie étaient reparties lestées d'une sobre salade... « C'est sûrement génétique ! » avait aigrement commenté l'amie.

Non, pas du tout. Et vous pouvez être assuré que les voisines de table de Leslie savouraient leur repas, conscientes de devoir compenser ces folies par un repas plus léger le soir ou le lendemain. C'est la vie...

Dieu merci, n'en déplaise aux esprits chagrins, nombre de personnes dotées d'un ADN ordinaire peuvent profiter des plaisirs de la table sans grossir. Ces Françaises qui restent minces ne sont pas favorisées par la nature, mais par leurs habitudes culturelles. Si elles adoptaient les mœurs nutritionnelles de l'Américain moyen, elles acquerraient aussi son tour de taille ! La situation serait même bien pire qu'outre-Atlantique car les Français, plus petits en général, se transformeraient en cubes aussi larges que hauts !

Le « paradoxe français » semble donc aller bien au-delà de notre capacité à boire du vin et à manger du fromage tout en préservant notre santé cardio-vasculaire. Mais, comme souvent, la contradiction n'est qu'apparente et masque une réalité empreinte de logique. « Les Françaises qui ne grossissent pas » demeurent sveltes parce qu'elles n'ont pas laissé les théories nutritionnelles modernes primer sur des siècles d'expérience. Il ne leur paraît pas anormal de conserver leur ligne et leur santé tout en mangeant du pain et du chocolat, en buvant un peu de vin, etc. Elles savent en revanche que chacune doit trouver son propre équilibre et que, quand celui-ci se dérègle, c'est à elles de l'ajuster en fonction de leurs préférences. En général, elles défendent à ces dérapages de se prolonger plus d'un ou deux jours et se corrigent sur la même durée. Si vous planifiez sur une semaine vos plaisirs gastronomiques et leurs compensations, il devient difficile de trop s'écarter du droit chemin. Tandis que la majorité de mes amies américaines pratiquent la politique du tout ou rien et tendent à se laisser abattre au moindre écart. « Puisque j'ai fichu en l'air mon régime, autant y aller franco », disent-elles en dépit du bon sens. Or nous sommes humaines et, à ce titre, faillibles. Nous nous écartons du droit chemin, puis nous y revenons. Voilà le secret des femmes minces.

Il arrive cependant même à ces sages de prendre plus de poids qu'elles ne peuvent en éliminer en une semaine de repas plus étroitement surveillés. Elles aussi traversent la puberté, les grossesses et la ménopause et elles aussi voient parfois leur équilibre mis en péril par ces bouleversements hormonaux. Toute la différence réside dans leur manière de réagir à ces petits accidents. Au lieu de se mettre au régime jockey, elles ajustent progressivement leur alimentation – méthode moins douloureuse et donc plus durable. Le maintien du poids n'est ni une science ni une obsession, mais plutôt un élément de l'art de vivre.

À l'inverse des manuels de régime, ce livre ne vous invite pas à vous reporter à un graphique qui vous indiquera la stratégie à suivre et vous invitera à vous mettre au travail. C'est même là toute sa spécificité. Si vous lisez *Madame Bovary* en diagonale, vous saisirez l'intrigue de ce roman, ses personnages et son cadre, mais, pour en saisir toutes les subtilités, il faut s'y plonger plus sérieusement, parfois à plusieurs reprises. Un programme qui vous accompagnera tout au long de votre vie ne s'élabore pas comme un régime de brève durée. De la même façon, les petits ajustements proposés ici ne produisent pas un effet éclair, mais ils s'ancrent durablement dans votre quotidien.

Je ne tenterai pas de résumer la philosophie gastronomique française en quelques lignes. Mais, comme tout bon chef d'entreprise, j'apprécie, les notes bien structurées présentant le sujet point par point. Et mes pérégrinations transatlantiques m'ont conduite à constater que les Françaises disposent de réels avantages pour retrouver et garder la ligne.

- Tandis que les Américaines songent à ce qu'elles ne doivent *pas* manger, l'art de vivre à la française exhorte à penser aux bonnes choses.
- Les Américaines prennent une plus grande assiette d'un plat unique. En France, on préfère traditionnellement des mets divers en petites portions.
- La gastronomie française fait la part belle aux légumes et aux fruits, que l'on consomme généralement en plus grande quantité qu'aux États-Unis.
- Les Américaines diabolisent à tort les glucides. Nous autres Françaises n'envisagerions pour rien au monde de renoncer à de salutaires tartines.
- Contrairement aux Américaines, qui s'imaginent garder la ligne et la forme en se rabattant sur des ersatz allégés, sans sucre ou traités chimiquement, en France on préférera toujours manger peu et bien.
- Les Américaines adorent les produits gras et sucrés ; nous, nous adorons le chocolat dans sa version noire un peu amère et non trafiquée.

- Les Américaines mangent à la va-vite, à n'importe quelle heure et trop souvent devant la télévision. Nous autres Françaises aimons nous attabler et utiliser nos cinq sens, ce qui nous permet de manger moins... avec plus de plaisir. Nous respectons encore les rituels de la table.
- Moins radicales que les Américaines par nature, les Françaises dérapent parfois, mais sauront revenir sur le droit chemin sans culpabiliser et sans trop d'efforts.
- Les Françaises se fient plutôt à leurs yeux et à leurs vêtements pour suivre leur courbe de poids ; cela leur évite les névroses devant la balance – courantes aux États-Unis.
- En France, la norme reste de faire trois repas par jour. Le meilleur moyen d'éviter le perpétuel grignotage des Américaines.
- Pensez « nouvelle cuisine » : se délecter d'un repas ne signifie pas, chez nous, sortir de table prête à éclater.
- En France, l'éducation des enfants passe aussi par les papilles. Bien avant de découvrir le hamburger-frites, nos bambins connaissent le goût des bonnes choses.
- Avantage sur les Américaines : les traditions françaises – et les campagnes publicitaires des producteurs agricoles – nous ancrent dans le cycle des saisons. Ce n'est pas parce qu'une tomate est disponible en janvier qu'elle est savoureuse.
- Les Françaises n'hésitent pas à découvrir des saveurs nouvelles – épices, herbes aromatiques, jus d'agrumes – pour donner une touche

d'originalité à des recettes classiques. Rien de tel contre la monotonie et la fadeur des plats industriels.

- Même si certains cocktails américains passent pour glamour, en France on leur préférera toujours le vin, beaucoup moins calorique, et dégusté pendant les repas avec modération. Et toute occasion est bonne pour déboucher une bouteille de champagne.
- Malgré l'entrée en force des sodas light, les Françaises boivent de l'eau tout au long de la journée.
- Les Françaises préfèrent les marchés aux grandes surfaces, même si elles pullulent dans l'Hexagone comme outre-Atlantique.
- Les Françaises pensent en termes de menus plutôt que de plats, même à la maison. L'équilibre alimentaire s'organise ainsi plus naturellement.
- Les Américaines petit-déjeunent, déjeunent et dînent au restaurant. Pour nous autres Françaises, rien de plus chaleureux ou intime qu'un repas chez soi – dont on peut contrôler le contenu.
- Les arts de la table sont presque inconnus aux États-Unis. En France, ils sont une religion et participent à la richesse de l'expérience gustative.

Parce que nous inventons la mode, parce que nous nous savons capables d'aller loin avec une bonne coupe de cheveux, une bouteille de champagne et un parfum divin, parce que avons la certitude que faire l'amour fait maigrir, que nous aimons nous asseoir dans un café juste pour observer les passants, parce que nous adorons manger pour nous faire plaisir et que nous détestons suivre des régimes... et parce que nous vivons en France, où les conditions idéales sont réunies pour cela, nous pourrions ne pas grossir.

À charge pour les Françaises de découvrir, ou de redécouvrir, leurs besoins, leurs goûts, leurs forces et leurs faiblesses.

Voici l'exercice le plus ardu que vous aurez à faire : cette semaine, notez tout ce que vous mangez. Ne vous dites pas : « Je vais m'en souvenir... ». Prenez un papier et un crayon. L'heure n'est plus à la passivité, mais à l'action. C'est fait ? Vous avez accompli le premier pas sur le chemin de la minceur et de la forme, sans privations.

Bon courage, bonne chance et bon appétit.

TABLE DES MATIÈRES

8268

Achevé d'imprimer en Slovaquie
par NOVOPRINT
le 2 décembre 2014

1er dépôt légal dans la collection septembre 2007
EAN 9782290001943

Éditions J'ai lu
87, quai Panhard-et-Levassor, 75013 Paris
Diffusion France et étranger : Flammarion